U0132052

五四婚姻

孔慧怡——著

CNS
PUBLISHING & MEDIA
岳麓书社

目　录

第一章

贴身的历史：八段婚姻与三宗离婚

“新女性”观念

中国妇女运动的起源不在20世纪，而在19世纪；在妇女运动初始的二三十年，最卖力倡议和推动变革的不是女性，而是男人。

19世纪下半叶，中国面对列强的威胁，有识之士不论在朝在野，都认定了自强乃救国之本，于是锐意维新；正是他们率先把“妇女问题”列入社会改革议程。但是当时在他们眼中，妇女是有待解决的“问题”，既没有主动性，也不是主体。梁启超在《欧游心影录》中还大力批评说：“妇人干涉政治［指欧美妇女参政］，在今日之社会，实利少而弊多。”由此可见维新时期的女性观发展到什么阶段。

从19世纪80年代至20世纪第二个十年这三四十年间，在中国以男性为主力推动的妇女运动有两大口号，第一是“反缠足”，第二是“兴女学”；前者为了提高女性的体能，后者则是提高女性的智能。当时不论维新派还是革命派的男性都认为这是“强民”的基础。

改革者眼中的女性国民是潜在的社会资源，他们的目标是把这资源引进强国兴邦的大潮中；改革蓝图上的新女性所占的位置可以用“贤妻良母”四个字概括。她们固然不能再像先辈那样身体孱弱[1]，不受教育，但她们在体力和心智方面的发展仍然只是为了履行传统家庭中的角色，通过对家中男性的支持和培育，为增强国力作出贡献，因此当时另一个流行口号就是“国民之母”。

求变的种子落入中国思想界的土壤，生根发芽后就进入了新阶段。当时年青一代知识分子有机会亲身接触西方社会模式，为中国新女性运动提供了参照的榜样。新文化运动发起人之一胡适的观点如何因个人体验而改变，就是个好的例子。他到美国留学以前，认为女子教育的目的是为国人制造贤妻良母；到美国几年以后，他观察西方社会的标准，目睹美国女性在社会上的位置，又与当地女性建立深厚的交谊，导致他的想法明显改变了，认为女子运动的最高标的应该是“造成一种能自由独立的女子”。

1　事实上，传统妇女也有重要的经济角色。农家妇女下田劳动，县市的妇女纺织刺绣，都是例子。革新者对这种种略过不谈，因为他们的目标是制造新和旧的对比，不容许存在灰色地带。

“自由独立”正是中国妇女运动第二浪的核心价值。20世纪第二个十年，女性角色划定于传统家庭结构这种想法受到挑战，而有关“妇女问题”的讨论也进入了激进阶段。这个新趋势与同时期酝酿的新文化运动有着密切的关系。新文化运动最关注的，是打破传统家庭尊卑长幼的运作模式，争取个人和个性解放。这个新潮流打造了另一种理想女性的形象，抛弃了配合传统家庭结构的“贤妻良母”观念，改为标榜“五四”新女性的“独立人格”。

当时的女性要取得人格独立的资格，需要符合下面几项条件：一、在新式学堂受教育；二、毕业后有一份职业；三、婚姻自主；四、参与公众生活，而不是只在家庭范围内活动。

虽说条件有四项，但教育明显是其他三项的敲门砖。受过被认可的新式学堂教育，才有可能在新社会谋职；有了固定职业才能经济独立；能够经济独立，在婚姻自主方面才有更大把握。至于公众活动，更需要教育和职业提供的知识和自信，而婚姻自主亦可以保证女性不会受到丈夫或夫家压制，被阻止参与社会活动。

上面说的是新理念，但理念和现实情况总有些差距。事实告诉我们，不是每个受过新式教育的女性都愿意投入工作又或是服务社会的，因此除了上面理正词严的四大条件之外，表面看似肤浅的描写也值得大家注意。综合当时妇女刊物的征文来稿，我们可以看到另一种新女性形象，反映社会大众日常接触的事实：装束时髦，擅长音乐、唱歌、跳舞交际等，身旁总不乏仰慕者，总把自由恋爱挂在嘴边。

这两种形象可以说是“五四”新女性的一式两面，也是研究妇女运动的人一向聚焦的热点。但我们必须明白，有能力追寻新女性梦想的在当时属于极少数。正因为新女性的地位必须立足于新式教育，而成年女性又无法争取这种教育机会，所以大多数人在毫无选择的情况下，终于被新文化运动的一代贴上“落伍”甚至“封建”的标签。

自由恋爱与离婚

不论是新文化运动或是新女性观念，都有着同样的核心问题：婚姻自主和离婚。新文化运动有鲜明的个人主义色彩，反对家庭束缚，倡议抵制由父母或长辈包办的婚姻。把爱情和婚姻自主提升到社会革命的议程，这在中国还是头一次，它对年轻人有多大的吸引力，实在不难想象。

可惜理想归理想，现实却是另一回事，因为大多数青年当时已经由父母或长辈安排而成婚了。正因如此，“五四”时期的青年男子反对现行婚姻制度，原动力来自两个不同的层面：第一，作为进步的新一代，他们在**原则上**有义务带动改革；第二，作为个体，他们对不称意的传统婚姻有**切身体验**，而新文化运动的“自由”“自主”等口号为他们提供了发泄个人积愤的渠道。

提倡自由恋爱和婚姻在原则上没有性别偏见，但要实际改变婚姻现状，得具备一定的经济和社会能力。在当时，一般只有男性拥有这样的能力，所以离婚的主动力也多半来自男方。先进女性离开丈夫、追求教育和职业的例子不是没有（本书中就有好例子），但最普遍的情况得数青年男子寻求摆脱旧式太太。20 世纪 20 年代妇女刊物中的文章证明，无数新青年为了如何处置自己不想要的妻子绞尽脑汁。一方面，传统习惯和规范仍然是现实生活的主流，加上经济问题，要离婚相当困难；另一方面，新思想已经为年青一代建构新的“自我”观念，因此他们不愿意让既成事实的婚姻持续下去。了解这个背景，我们才会明白为什么当时很多人提出“逃婚”。

“逃婚”的定义：新青年把自己不想要的妻子留在家中，只身离家（通常是到一个大城市，如上海）开展新生活。跑掉了的人大概真的有“重活一遍”的感受，但被抛弃的妻子承受的经济困难和心理伤害有多重，可以从当年妇女刊物的报道瞥见一鳞半爪：据 1922 年的报道，河南省被新青年抛弃的旧式妻子有七成以自杀收场。

五四婚姻面面观

新文化时期的婚姻现实和离婚状况是一面镜子，反映了剧变中的社会规范如何影响不同背景的女性，而她们在变革的大潮中又如何自处——这里写的是切身的感受、贴身的历史。通过七位性格、背景各异的人物，我们可以探讨当时女子面对的实际问题，她们的经历也可以为我们如何理解“新女性”观念带来一点启发。

这七位女性有个共通点，就是她们的丈夫或恋人是知名作家和文化人；若非如此，要掌握足够资料来探讨她们的恋爱与婚姻经历也就不容易了。

这七位女性依年龄排序，分别是朱安（鲁迅的妻子）、江冬秀（胡适的妻子）、许广平（鲁迅的同居妻子）、张幼仪（徐志摩的第一任妻子）、曹珮声（胡适的恋人）、陆小曼（徐志摩的第二任妻子）和林徽音（梁思成的妻子，徐志摩离婚的导火线）。

下面以简单图表标出她们的出生年代和恋爱、婚姻关系。

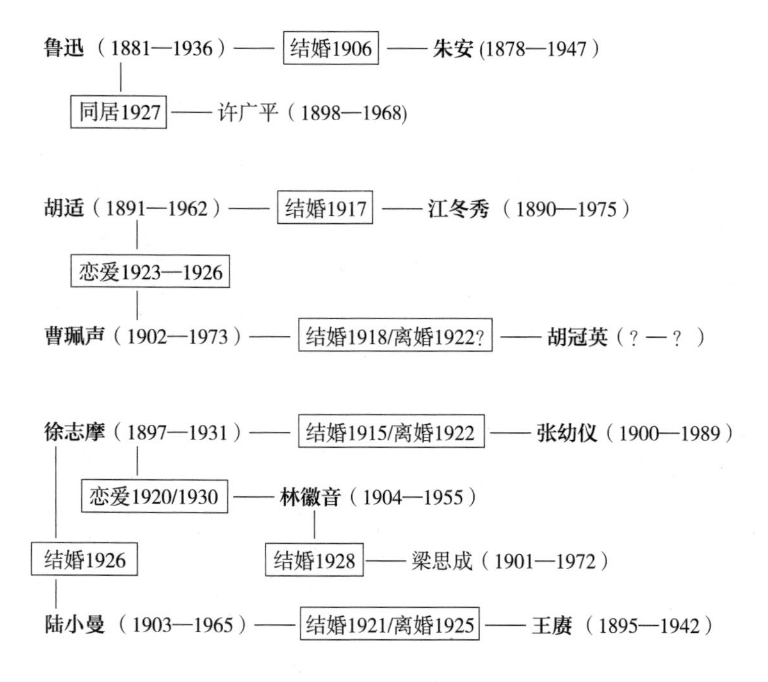

以新文化运动的起端（20世纪第二个十年的中后期）为分界线，可以清楚看出这些婚姻故事牵涉两代人——第一代于新文化时期已是成年，第二代于新文化时期仍是青年；但这两代人的离婚和再婚，全部发生在20世纪20年代。本书附录“大事年表”，有助于读者了解这两代人面对的历史和文化变迁。

值得注意的是，年青一代如徐志摩和陆小曼是先办离婚然后再婚的，而老一代的鲁迅虽然开展了第二段婚姻生活，却在经济上和名义上都没有抛弃第一任太太。

这样的分歧固然是因为两代人面对的家庭现实和个人考虑不一样，而他们的道德标准也不一致。总的来说，年青一代更倾向于斩钉截铁地和“过去”断绝关系，至于这样做对别人是否公平，又会带来什么负面影响，他们较少关注。虽然我们在这里只是探讨社会规范剧变时期的女性角色，但也可以看出当时不遗余力推动新文化运动的男性同样处于复杂而艰困的环境，他们的人生也同样是传统价值观和新思想进行斗争的战场。

本书讨论的七位女性，家庭背景和个人际遇各有不同，正好向我们展示新文化时期的中国女性不能大而化之地定性为“旧”与“新”。老一代虽然自小受传统教养，但不代表她们就笨拙得连正面冲击她们的社会力量也认不清。反过来说，在新文化时期成长的一代，一般通称为“新女性”，但这个称谓其实有多重含意，文化成分远比一般人想象的复杂。

本书第二章至第八章探讨上述七位女性的生平，其中有偏向传统传记式的（如朱安），也有偏向讨论式的（如林徽音），主要取决于当事人有没有留下自己的文字，让读者有迹可循。假如读者不熟识故事的女主人，交代详细的生平就是必需的；但如果故事的女主人有自己的文集甚至全集（如林徽音和许广平），本书就以点击的方式入手，探讨个人与大时代不断转变的关系，通过互相参照的方式描绘出剧变时期中国妇女的各种面貌。

第二章

字里行间：朱安的一生

前　奏

朱安和旧中国很多中上家庭的女子一样，从小被教养成一个切合传统要求的典型：脾气和顺，会做针黹，擅长烹饪，不识字，小脚。这样的女性本来是不会引起公众注意的，但中年以后的朱安却曾是记者争相采访的对象，她在1947年去世时，北平的报章也有报道。

为什么会有这样的情况呢？原因很简单：旧式女性在死后留名，十居其九是因为与她们有关联的男人，不是父兄，就是丈夫。

在朱安来说，这个男人是她的丈夫周树人，笔名鲁迅。

朱安还在世的时候，鲁迅和他身边的人视她为一份无法推辞的馈赠，是他苦恼的来源。在朱安死后的数十年，她的丈夫被放在文学殿堂最崇高的位置，可是她的名字和存在则成了禁区，直到20世纪八九十年代才逐渐解禁。

我写这篇传记的目标，是希望把朱安放在主角的地位，通过她的一生，为一代饱尝劫难、有口难言的女性寻觅她们的声音。尽管如此，其实我能做的，也不过是在有关她丈夫的记录中搜索隐藏在字里行间的丝丝痕迹，拼凑出一帧并不完整的画像。

早年生活

清朝光绪四年（公元1878年），绍兴城一户姓朱的商人家中添了个女孩，取名为“安”。她虽然生于王朝的末世，但在那个年代，富裕的城市如绍兴仍然相信，传统的生活方式和制度是唯一可靠而又可行的。虽说太平军横扫江南的时候，曾经占领绍兴达一年半之久，但到了朱安出生时，旧传统和旧制度似乎又安安稳稳地立住阵脚了。

朱安的童年在母亲和家中女眷、女仆膝下度过。朱家在绍兴水沟营丁家弄的大宅由两栋房屋组成，每栋三进，里面的庭园、池塘、花圃和大大小小的房间，足以让一个年幼的孩子感到自成天地，别无所求了。有时候长辈也会带她出门，譬如随着母亲回娘家，又或是在节日看庙会的社戏。每次出门，朱安总可以体会到绍兴特有的悠闲步伐：在这个水乡，大家常用的交通工具是乌篷船。朱家虽然从商，但也有几分书香——朱安的祖父中过举，在扬州当过小官，因此家中当然有个书房。不过书房跟朱安没什么关系：在保守的家庭，如果已经有了男丁，女孩几乎是没有机会念书的。在朱家眼中，朱安的弟弟才是这个书房的未来主人翁。

女孩子没有机会经历拜师入学这一人生分水岭，却另有一份仪式等候着她们。朱安四五岁的时候，有一天被带进一个小房间，大人让她脱了鞋袜，把脚浸在一盆暖水中。过了一会儿，她的妈妈和两个女用人或亲戚把她按住，拿出特别编制的长棉布条，把她的四只脚趾向脚底屈折，用湿布条一层一层地裹起来，接着又把她的脚跟拼命往前拉，这样就裹成了“三寸金莲”的雏形。朱安痛得尖叫起来，但伴着她的哭声的是母亲的训诲：所有好人家的女孩都得缠足。她只要看看妈妈和家中其他女性，就知道这是事实，没有一个例外。在往后五六年因为缠足而流血流泪的日子里，她不断听到长辈的告诫：缠脚时不哭不叫，才是好人家女儿的模范；脚缠得愈小就愈尊贵，到了谈婚论嫁的时候也就愈占优势，因为小脚不但是美的标准，也是身份的象征；没有男人会愿意讨一个大脚的老婆。

定　亲

即使以当年的标准来说，朱安的脚也算非常小，这在亲戚群中应该为她和家人争来了不少荣誉。尽管如此，她的婚事却没有像大家预言的那么顺利，其中原因我们也很难弄清楚。为鲁迅作传的人都爱说朱安长得难看。朱安现存的照片中有一幅看来比较年轻：长长的脸，尖下巴，眼睛和嘴巴线条分明，鼻子稍大，头发往后梳成髻，前额很高。（当时流行的风尚，已婚女子会把前额头发剃去一点，让额头显得更高，这反映了清代的审美观——因为男人都按满洲规矩剃光前额，久而久之，大家就觉得这样看着才顺眼。）最让人注意的，是照片中人那份羞怯的神情。按传统标准，朱安当然算不上美女，但也说不上丑陋。另一方面，她的身材矮小瘦弱，后来的鲁迅传记作者甚至说她“发育不良”。事实上，比朱安年轻一辈的中国女性有很多也不过四尺八九寸高；鲁迅本人的身高也只有五尺三寸而已。

说到底，即使朱安外貌不美，对谈婚论嫁也不一定是大障碍，因为古有明训：娶妻求淑妇。朱安性情和顺，家庭背景又好，实在具备了“淑妇”的条件。

1899年，朱安二十一岁，绍兴旧俗称这样的未婚女子为“老大姑娘”，认为到了这阶段，她们即使找到夫家，也多半只能做填房。但这时朱安的婚姻前景似乎明朗了起来，通过亲戚的斡旋，有了议婚的对象。男的是一名周姓前任官员的长孙。那位周老爷当过京官，但后来因为科场贿赂而锒铛入狱，家道自此中落。他的长孙十八岁，在南京一所新派学堂念书。绍兴传统以妻子比丈夫大两三岁为佳，所以两人可以算是相当匹配的；唯一的缺憾是周家经济颇为拮据。但毕竟他们在绍兴还算是户体面人家，对“老大姑娘”朱安来说，这可能是最理想的安排了。

1899年3月，周家正式向朱家提亲，朱家在16日允婚，但周家却拖延到1901年4月才向朱家请庚（拿准新娘的生辰八字，以便择吉日成婚）。按照绍兴传统的婚俗，议婚有三个阶段，一是男方请媒人向女方提亲，二是女方允婚，三是男方向女方请庚，而请庚通常是在允婚后马上进行的，可是在朱安来说却晚了两年。一般鲁迅学者总以此为周树人拒婚的证据，事实上一个可能更合理的解释是周家家景困难，不能在短时间内筹到定亲所需的礼金。

1901年似乎是他们成亲的好时间，因为绍兴惯例婚礼多半在冬季举行，而朱安的未婚夫又将要在同年年底毕业，算得上双喜临门。不料就在这个时候，周树人拿到远赴日本留学的奖学金，因此朱家想看到女儿成婚的希望又落空了。但从另一个角度看，他们当然也愿意未来女婿出洋留学，因为朱安的未婚夫身份提高了，对她全家也是一份光荣。

周树人在1902年3月离开中国，除了两次短暂回家外，在日本一直逗留到1909年。他如此一去不归，实在令朱家忧心忡忡，而他赴日后不久，通过他母亲向朱家提出一项要求，更教他们增添了忧虑：周树人要朱安放脚，然后进学堂读书。

对思想保守的朱家来说，这着实吓了他们一跳。撇开原则问题不谈，事实上这份要求也很难付诸实行，因为一个自幼缠足的女人，到二十多岁双脚的骨头已完全折断，根本无法恢复正常，解开了缠脚布，脚还是畸形的，还是需要外在支撑，走动也仍然困难。至于入学读书，虽然1902年已有女学兴办之例，但朱家附近并没有学堂，而先进城市新办的女子学堂，学生也都以少女为主。由此可见，朱家拒绝周树人的要求是意料中事。

这为朱安的婚事蒙上了一层阴影。虽然周老太太对这个未来媳妇很满意，但谁也不能预料留学在外的激进青年会采取什么行动。1903 年周树人回家探亲，身穿西服，辫子都已经剪掉了，这似乎不是好征兆。不过他始终没有提出要退婚，虽然周家也没有安排把朱安迎娶过门。

成　婚

绍兴有句谚语：“养女不过二十六。”周家体会到拖延婚事实在于理不合，终于定下成婚的日子：1906 年 7 月 26 日（农历六月初六）。

据男家通知，新郎会从日本专程回家举行婚礼。但朱安不知道的是，他会接到电报——虚报母亲急病，被骗回来。周家到底有没有想过，如果周树人不归，婚礼又怎么办呢？其实这倒也不是个难题：找人代替新郎拜堂，本来就是传统惯用的办法。

女家婚前要做的准备工作很繁重，因为嫁妆必须包括一张新人床。这不是普通的床，而是一套用木头造成的精致“房子”，最里面的一层是精工雕刻的床铺，往外一层是衣柜和架子等，再往外是新娘的妆台，大富人家甚至在这以外再添一个麻将间。这样的嫁妆需要经年累月来筹备，同时必须在大婚前几日送到男家，因此大婚的日期绝不是仓促定下的。

朱家除了做出一般准备外，也没有忘记新郎对小脚的厌恶，因此做了一双大脚绣花鞋，鞋头填满了棉花，让朱安在婚礼上穿。朱安穿上这双鞋，到底有何感想呢？二十多年来，大家不断告诉她没有男人会娶一个大脚妻子，现在她却要在结婚当日装大脚：世界真的变了。

虽说新郎是个放洋留学的新人物，但婚礼还是依照传统风俗进行，大红花轿、媒婆、吹打乐手和陪嫁娘一个不少。新郎穿着传统礼服，甚至还装上假辫子，这一切是否可以让朱安定下心来呢？假如她希望有个好兆头，现实却适得其反：她一脚踏出花轿的时候，一只鞋松脱了，揭露了伪装。绍兴风俗认为新娘掉了鞋是个不吉的兆头。

挨过了婚礼的繁文缛节，朱安终于进入洞房，坐在床上。四周一片静寂，只听到翻书的声音。朱安坐着呆等，因为新娘是不能首先开口说话的，而新郎决定了不理睬她。

一件被鲁迅学者津津乐道的逸事，说周树人婚后第二天脸上染了一片青蓝色，因为他在新婚晚上哭了，沾了枕头的蓝彩。我们不知道新娘那天晚上是如何度过的。也许朱安比周树人更有理由哭，但她强忍着眼泪，因为在新婚之夜痛哭是最坏的兆头。

婚姻生活

婚后第二天，朱安按照传统由新郎陪伴着回门，也到了周家的祠堂拜祭祖先。他们虽然没有圆房，但完成了婚礼所有的仪式，因此他们的婚姻作为一份社会契约是完整的。不过假如朱安希望新郎对她的态度会改善，她很快就会失望了：婚后第二个晚上，她丈夫睡到母亲房间里去，三天后他就离开绍兴，回到日本。

朱家的“安姑娘”离开了富裕的娘家，变成景况拮据的周家媳妇。周家三代靠一点卖剩的田地收租过日子，朱安婚后不久，就发现她必须把陪嫁的婢女送回娘家，这样起码可以省下一个人的伙食。作为小辈的媳妇，她有两份职责，一是延续香火，二是操持家务，她既然无法完成第一项，就全心全意地投入第二项。她是小辈中唯一的媳妇，家务的担子自然不轻，而大家也认为她是个称职的主妇。大家族三代同堂的生活方式对朱安来说是个熟悉的环境，她性情和顺，与人相处并不困难，婆婆鲁瑞对她十分喜爱。鲁瑞行事甚有权威，与性格柔弱的朱安刚柔互济，而且她们也有个共同目标，就是希望朱安的婚姻尽快恢复正常。

1909年夏季，朱安似乎看到了一点光明，因为她的丈夫终于决定回国了。周树人回国主要是因为经济问题：周家实在需要一份稳定的收入，而他作为长孙，总得挑起这担子。不过鲁瑞自然也希望借此让儿子和媳妇重聚。周树人在杭州找到一份教职，本来有不少机会回家，但他并不如此，而每次短暂逗留时，也不和朱安说话，更不进她的房间。

对朱安来说，这情况比周树人在国外时更糟糕。绍兴风俗早已习惯男子因工作而远游在外，因此周树人人在日本，朱安孤寂的婚姻生活倒也算是一种常态。他回国后在杭州工作，距离缩短了，但他们的关系没有突破，他每次回家都避开朱安的房间，在周家由六房人分住的大宅中，这样的事不可能保密，因此朱安在亲戚面前很难抬起头来。1910年夏天，情况变得更坏了。周树人回到绍兴教书，学堂离家不过几十分钟路程，但他决定住在学校里。

朱安当然明白周树人讨厌她的原因：他在婚前已经表露得很清楚。但现在他们之间的距离似乎愈来愈远了。他日常不再戴着假辫子；绍兴民风保守，对这样的新派人物很不信任，朱安虽然不知道丈夫的政治倾向，却明白大家都认为他是激进分子，他的一个叔父甚至说要向政府告发他。1907年秋瑾在绍兴菜市口被处决，这件事令人记忆犹新，她死后当地的保守势力明显上扬，因此朱安很为丈夫担心。她和周树人生活在两个不同的世界，而在绍兴，大家认为朱安的世界才是正常的。

但与此同时，朱安也感到她熟悉的世界正在改变。1911年年中，她的小叔周作人带着日本妻子羽太信子回到绍兴，朱安一辈子头一次接触外国人，头一次体会到丈夫进出自如的另一个世界。周作人和信子是经过自由恋爱而结合的，这一点也让朱安感受到，她从小奉为金科玉律的礼教传统，已经权威大减了。

这时外间世界正经历一场巨变：1911年10月，清王朝崩溃了。中华民国成立不久，周树人得到一份教育部的工作。虽然他因此又要离家远去，但这对周家来说却是件喜事，因为树人成为中央政府的官员，在复兴家业方面迈进了一步，在绍兴老一辈的人眼中，他是去当京官了。

周树人在1912年2月往南京赴任，同年5月与教育部一起迁往北京。男人因为经商或做官而居于外地，是绍兴常见的模式，因此周树人离家反而减轻了朱安承受的痛苦和压力。丈夫不在身边，正好掩饰了她婚姻的不正常状态，而传统做官的人让太太留在祖居侍奉公婆，也是惯见的事。作为一个中央官员的太太，朱安的社会地位也提高了。每天做完了家务，她在黄昏时坐下来，抽几口水烟，这份嗜好和她的年龄和身份都相配，也是排遣寂寞的好法子。

这时朱安有一块心头大石：她已近中年，无儿无女，不管作为主妇如何称职，作为周家的媳妇却未完成任务。1914年11月，她回娘家探亲时写了一封信给在北京的丈夫，建议他纳妾，一来生活有人照应，二来也希望能生下一男半女。虽说朱安的建议在当时是个社会常规，但她发出这封信也真要鼓足勇气，而且信中提到的既是私人事，她还得请自己的兄弟帮忙写信。可是信到了北京，只引起周树人更强的反感，在日记中斥之为“颇谬”，根本没有回信。事实上，朱安和丈夫婚后长期分隔两地，从没有直接通信，所有消息都只在母子来往的信件中转达。虽说这在当时传统家庭是正常现象，但周树人此时却和弟妇羽太信子有频密的书信往还。对朱安来说，她熟悉的世界出现了一个断层，让她觉得愈来愈难以理解。

1916年底是鲁瑞的六十大寿，周树人从北京回到绍兴贺寿，住了四个星期。这在朱安来说是个忙碌的时间：作为长媳，筹备庆祝的工作都落到她头上；羽太信子对中国习俗的认识和社会关系都不深，自然帮不上大忙。朱安在大家族中运作自如，是她得到婆婆喜爱的一个主要原因；鲁瑞在生活上已变得很依赖她了。

正因如此，1919年鲁迅决定举家移居北京时，朱安的去留并不是个疑问：她作为周家一分子的地位是稳固的。她知道这次北上，和娘家可能再无后会之期，所以与寡母、兄弟、弟媳和侄子合照留念。离开绍兴当天，她的胞妹在码头送行。

北京生活

1919 年 12 月 24 日，周家开始了前后五天的旅程，乘船离开绍兴，再换火车往北京。这是朱安一生头一次，也是唯一一次长途旅行，途中接触到的尽是陌生的环境和事物；这份断根的滋味将会陪伴她一辈子。

朱安到了北京，就要面对新生活，但要建立起新的生活方式对她来说几乎是不可能的。她在这个地方连语言也说不通，而离开了大家族的支持，在周家兄弟同住的环境里，她变得孤立无援。主持北京八道湾家务的是羽太信子：和绍兴相比，北京为一个日本女人提供了很多机会和社会关系，何况她的妹妹已经嫁了周家三弟建人，加固了她的阵线。在北京的生活环境之中，婆婆鲁瑞是朱安身边唯一没有改变的一环。

相对于绍兴的家，周家在八道湾的三进房子很宽敞，这更增加了朱安的孤独感。鲁迅住在前进，朱安和鲁瑞住第二进，周作人、建人两家住在房子的第三进。据说羽太信子有时候会吩咐儿女别理睬“那孤老太婆”。朱安每天的任务就是下厨弄几味绍兴菜，一来是由于鲁瑞习惯吃家乡菜，二来这也是她和故乡保持的一丝联系。至于和绍兴娘家通信，朱安极可能要依赖外人。以周家兄弟当时在文坛的盛名来说，这实在有点讽刺，但新环境令朱安深切地体会到她和周家其他人之间那道鸿沟，因此自卑感更重了，在这种情况下，要在家中找人帮忙写信实在很难。

迁居北京后，朱安才第一次接触到丈夫的工作与生活，虽然只能旁观，但她也明白鲁迅已是个颇有名气的人物。1912 年周树人到北京时只是个政府小官员，但 1919 年他在《新青年》发表《狂人日记》后，“鲁迅”一名不胫而走，他已成了新文化运动的中坚分子，家中访客川流不息。在这个新世界，朱安是个局外人，虽然年轻人称她为“师母”，但他们都知道鲁迅和她的实际婚姻状况。

尽管如此，鲁迅和他的朋友、弟子对朱安表面上仍算客气。除了婆婆对自己的喜爱外，这是朱安唯一的安慰：她知道自己虽然无足轻重，但这个家庭始终有她的一个席位。

朱安这份安全感终于毁于一夜之间。1923 年 7 月，鲁迅和周作人兄弟决裂，鲁迅被迫迁出八道湾兄弟三人共同拥有的房子。周家的家庭组织破裂，朱安的位置也动摇了：鲁迅给她两个选择：一是留在八道湾，二是回绍兴娘家。

这两个选择其实都只会把朱安逼上绝路。兄弟二人既已互不兼容，周作人凭什么要让大嫂住在自己家中呢？假如回到绍兴，朱安就成了不容于夫家的弃妇，以后日子就很难过了。朱安提出另一条出路：鲁迅迁居后总要有人照应生活，她愿意负起这份责任。对自己的婚姻，朱安再没有太大的幻想，但在当时的社会，一个旧式女人离开丈夫是极不名誉的事，这一点鲁迅也了解。

1923年8月2日，鲁迅和朱安迁进砖塔胡同一家绍兴同乡的房子暂住。几个星期后，鲁迅肺病发作，病情严重，只能吃流质食物。接下来一个多月，朱安竭尽所能地照顾丈夫。她当然感到忧心，但这段时间也让她非常珍惜，因为经过了十七年的婚姻，她终于有机会和丈夫单独相处，成了他身边唯一照顾他的人。鲁迅卧病一个多月，不会看不出朱安对他的悉心照料。虽然两人仍然分房而居，但鲁迅日间用朱安的卧室作为书房，也算是打破了过往楚河汉界式的生活。

朱安渴望能进入鲁迅的世界，但又怕惹他反感，所以一切都小心翼翼。鲁迅曾经教同屋的余家姐妹做运动，朱安不敢在丈夫面前加入，但两个女孩自己练习时，她就站在后面跟着做动作，因为她推想孩子们不至于挑剔她。但她错了：两个女孩看见她吃力地摆动小脚，在旁窃笑。

1924年5月底，鲁迅和朱安搬进鲁迅买来的西三条小四合院，和鲁瑞同住。一切又回到旧模式，朱安每天做完家务后，坐在婆婆身边，抽几口水烟，听他们母子闲话家常。虽然家里有用人，但朱安仍然亲自下厨，除了因为鲁瑞喜欢她的厨艺外，这也是她照顾丈夫的一点办法。她了解自己不可能在客厅与访客应接，所以只有从厨房送出佳肴，算是尽了女主人的本分。朱安做菜有多细心，从以下一点可以看得清楚：她做菜的材料总是切得长短匀称。

朱安的好意却不一定收获鲁迅的好感。鲁迅学者经常引用以下例子，说明朱安如何笨拙，但这件事也有它的另一面：一个炎热的夏日，鲁迅会客时，朱安送上两杯热茶和两碗藕粉，鲁迅向客人说："没办法，只有把它吃了，出一身汗。"茶和藕粉必须用沸水冲调，却不一定要烫口地喝下去。鲁迅的话透露了一份不自觉的残忍，明显地在"我们"和"她"之间划下界线，让大家视朱安为他者。

危　机

1925 年春天，鲁迅家的访客中出现了一张新面孔：许广平。她是北京女子师范大学一个学生领袖，自 3 月起和鲁迅开始密切通信，4 月 12 日头一次到鲁迅家探访。从仲春到盛夏，两人的通信和交往愈来愈频密、热切。这是个多事的夏季，北女师的学生和校长杨荫榆展开了强硬的斗争，而鲁迅和学生们站在同一阵线，共患难的感觉明显地促进了鲁迅和许广平之间的感情，因此当警察搜捕北女师学生，要把她们逮解回乡的时候，许广平就躲在鲁迅家里。

在这样的风风雨雨之中，谁也没有注意朱安，但她也正面对一个危机。她和鲁迅同处多年，对他的个性和行事可以说相当了解，因此肯定会觉察到鲁迅和许广平关系的转变。

许广平不是第一个接近鲁迅的年轻女性，却是第一个让他重新估计自己的人生和未来的人。虽然朱安过去曾建议鲁迅纳妾，但她现在已了解到鲁迅的新世界是没有纳妾的余地的。如果他决定开展新生活，自己怎么办呢？

1925 年 8 月、9 月是鲁迅和许广平关系的转折点，旁观的朱安面对强大的心理和精神压力，身体终于撑不住了。9 月间她因为严重胃病而入院，医生怀疑是癌症；鲁迅虽然几次到医院和医生商讨她的病情，却极少在病房停留。一个星期下来，经过种种测试，还是找不出病因，医生就让朱安出院了。

既然身边没有可以倾诉的人，朱安只好尽量安慰自己，定下心神，因为事情毕竟是她无法控制的。这样过了半年，“三一八”事件警察枪杀学生引起的风潮，终于把周家卷了进去，鲁迅上了政府的黑名单，为安全计不得不离家，到外国人的医院暂避。到了 4 月初，情况更是危急得连鲁瑞和朱安也暂时搬到旅馆去住。朱安切身体会到，她卑微的生活所受到的威胁并不单源于男女之情，有一股更大的力量正危及她丈夫的安全。

变　异

1926年7月，由于政治、经济和感情各方面的考虑，鲁迅决定接受厦门大学的聘任，离开北京。8月26日，他在家与母亲及朱安道别后，和许广平一同坐上南下的火车，送行的朋友和学生有十多人，包括曾在八道湾居住，与鲁迅关系相当密切的许羡苏。鲁迅走后，许羡苏住进他的屋子，成了鲁迅家管账的人，因此朱安不难知道鲁迅是和许广平联袂离京的。

1927年秋，鲁迅和许广平在上海开始同居，虽然双方都没有告诉家人，但有关他们的种种传说，自他们离开北京起已流传极多。1929年5月，鲁迅回北京探望母亲，在他到达家门的前几天，朱安对婆婆说自己梦见鲁迅带着个小男孩回家，心里很难受。鲁瑞听了，责怪她不识大体。到底朱安是否真的做过这样的梦，还是借此让婆婆知道她听来的谣言让她很受困扰呢？我们无法知道真相。重要的是鲁瑞的态度让朱安明白，婆婆不会在这方面给她任何支持。

鲁迅抵家后，告诉母亲和好友说许广平有了身孕。一如既往，这个消息朱安也是间接听回来的。她的反应除了显示孤苦无助之外，也表现出相当深刻的思考：

> 我好比是一只蜗牛，从墙底一点一点往上爬，爬得虽慢，总有一天会爬到墙顶的。可是现在我没有办法了，我没有力气爬了，我待他再好，也是无用。看来我这一辈子只好服侍娘娘一个人了，万一娘娘归了西天，从大先生一向的为人看，我以后的生活他是会管的。

对鲁迅和他的追随者而言，朱安代表着中国落伍、无望的一代，谁也没想过她不断衡量着自己与丈夫之间的关系，尝试了解身边的新世界，而且对鲁迅的性格和他与许广平的关系作出了非常准确的结论。正因如此，她没有提到自己作为发妻的身份，因为她知道世界改变了。

1929 年，鲁迅和许广平的儿子海婴出生，他们寄了一张三人合照回北京，朱安看到照片后表现出关怀和友善的态度，一般鲁迅传记作者都说这是她迷信的表现，认为有了男丁承继香火，她死后也会有人拜祭她。这固然不无道理，但更重要的是朱安已接受了新的现实，而且她的性格一向和顺：事已至此，为什么要制造更多的不协调和不愉快呢？因此当许羡苏在 1931 年离开北京前夕，把一大包与鲁迅的通信交给朱安时，朱安实在不知所措。许羡苏和鲁迅的关系曾经非常密切，两人通信的数量比鲁迅与许广平的通信更多，其中一个原因是许羡苏住在周家时，等于是周家家书的主笔。朱安多年目睹许羡苏与鲁迅的情谊，自己又目不识丁，只能猜测书信的内容。她无法预测如果把信寄往上海，会有什么后果，大概就一直把信藏在箱子里。

时至今日，许羡苏与鲁迅的通信已无迹可寻，为什么呢？如果我要猜这个谜，按着朱安不愿生事的性情推想，答案可能是：鲁迅死后，她感到这些信难以处置，因此可能在她自己去世之前把信毁了。

晚　年

1936年10月19日，鲁迅病逝于上海，消息第二天早晨就传到北京。对朱安来说，噩耗来得实在突然，因为一个星期前她还收到信，说鲁迅病情已经好转。不过朱安早已习惯接受命运给她的打击；她在客厅的饭桌上摆上鲁迅喜爱的几味小菜，燃点香烛。接下来几天，致哀的客人络绎而来，新闻记者亦上门采访。当一切纷扰沉寂下来后，朱安就要面对家用不足的事实。周作人只肯负责鲁瑞部分开支，虽然许广平尽力安排接济，但随着日本侵华，北平沦陷，原来负责每月给朱安婆媳二人五十元生活费的友人逃往南方；朱安断了接济，生活愈来愈困难了。

1943年4月22日，鲁瑞逝世，临终时把周作人每月十五元的供养费遗留给朱安。周作人为母亲安排了盛大的葬礼，但除了指定的每月十五元外，并没有想过支援寡嫂；而此前许广平在上海被捕入狱，放出来后，有两年多不敢与友人联系，给朱安的汇款自然也中断了。体弱多病又步入老年的朱安面对经济困境，到 1944 年已欠债数千元。这时周作人建议她卖掉鲁迅的藏书，换取度日之资。

这个消息传到上海，马上引起反应，鲁迅两名追随者赶到北京制止此事。

他们到达周家时，朱安正在吃午饭：几块腌萝卜伴着半碗稀粥。她推开碗筷，站起来接待，客人却开口就责备她要卖掉鲁迅遗产。这是朱安唯一一次毫不掩饰自己的感情，她说："你们都说要保护周先生的遗产，我也是他遗产的一部分，你们有想过我吗？"

经过商议后，他们答应每个月从上海汇一笔数目不大的生活费给朱安，加上她把几个房间出租的收入，算是勉强可以度日。1945 年抗战胜利后，因为周作人被判为汉奸，八道湾的房子要充公，朱安在鲁迅的旧友和学生帮忙下，尽力争取属于鲁迅和周建人的八道湾业权。

自从鲁瑞死后，朱安开始与许广平直接通信。1946 年，许广平到北京收拾鲁迅藏书及其他物品，两人同住在鲁迅旧居一个月，朱安非常珍惜这段相处的时间，但她一向不善表达感情，只是在许广平回到上海之后，才写信告诉她自己的感受：

> 你走后，我心里很难受，要跟你说的话很多，但当时一句也想不起来。承你美意，叫我买点吃食，补补身体，我现在正在照你的话办。

她在世的最后一段日子，让她感到很安慰的，是可以与鲁迅和许广平的儿子周海婴通信。信中周海婴称她为姆妈，称许广平为妈妈，让朱安感到丈夫和婆婆去世后，她还有家人。事实上，周海婴当时只有十多岁，从来没有见过朱安，二人通信，自然是许广平的善意安排。

朱安知道自己的健康状况每况愈下，在 1947 年 3 月签署了有关鲁迅遗产及著作权的文件，把权益全部转移给周海婴。

1947 年 6 月 29 日，朱安在北京病逝。虽然她到最后身体已非常衰弱，但脑筋仍然很清醒，后事要穿的衣服也列出了清单。她的遗愿是葬在上海鲁迅墓旁，这当然未能如愿；别的不说，以当时的情况，要把遗体从北京送到上海就不是易事。她的葬礼按许广平的意思举行，征得周作人同意，葬在北京她婆婆鲁瑞的墓旁，坟上没有任何标记。

也许会有读者认为许广平的决定过于因陋就简。但假如我们了解许广平的为人，就会知道这个决定没有丝毫不敬。许广平本人对自己死后遗体的安排有这个希望："我的尸体，最好供医学的解剖化验，甚至尸解化为灰烬，作肥料入土，以利农业，绝无异言。"

尾　声

朱安的困境，可以反映大多数在新文化运动前已经成年的女子所面对的厄运。她们和上千年来的先辈一样，生活要依赖家庭的经济架构（首先是父家，然后是夫家），但古代女子可以通过婚姻和生育提升地位，传统家族架构虽然一方面压抑女性，另一方面也为已婚女子提供大家认可的社会地位。在变革浪潮中，这份认可被粉碎了，她们的丈夫抛掉传统“贤良淑德”的标准（亦即建立于家族关系的标准），改用新规范来衡量她们。她们既然够不上新标准，就只有被抛弃。

朱安的情况绝不是个最坏的例子，和其他人相比，她可能还算运气好：她的丈夫没有放弃道德责任，一直承认她是周家一分子，在经济上支持她。朱安所受的打击是感情和心理上的：她后半生日夜与新规范周旋，对身边的新文化人和事其实都达到一定的了解；但在这些新人物的眼中，她永远是个外人，可能值得怜悯，却不受尊重。把她视为包袱的，除了她丈夫和他的兄弟外，还有他的朋友、门生和传记作者。“不够格”的女性在以新文化规范写成的历史中占什么地位，朱安是最佳说明。

这种歧视旧女性的历史角度建基于偏见，并不真的反映当事人的个性和心态。虽然社会规范的剧变令朱安无所适从，又不能不接受，但她始终保留着一份尊严和品格，而她能承受打击的原因，是她做人处世一直遵守自小形成的道德观，虽然活得困苦，但从来问心无愧，用她信中的话说，是“宁自苦，决不苟取”。与此同时，她对于把她摒弃的新世界也达到了一份相当深刻的了解。朱安晚年接受记者访问，谈到她和鲁迅及许广平的关系时，有这样的分析：

> **周先生**对我并不算坏，彼此间并没有争吵，各有各的人生，**我应该原谅他**。……**许先生待我极好**，她懂得我的想法，她肯维持我……**她的确是个好人**。

精简的几句话，充分显示她的思维方式并不如一般人想象的那么古老和单纯，特别值得注意的是上面强调的字眼。第一，她称鲁迅为“周先生”，称许广平为“许先生”，完全平等对待这两个人。试问有多少人看许广平和鲁迅的关系，不是以鲁迅为主，许广平作从属的呢？朱安就不这样。第二，她自己也以平等的眼光看鲁迅，所以有“我应该原谅他”的说法。第三，她对作为“第三者”的许广平既不妒恨，也没有大妇对待妾的传统想法；她尊重许广平，也感谢许广平尊重她。在“五四”时期新、旧女性之间，这样的关系实在让人感动。

朱安自幼身体饱受摧残，婚后感情生活有如枯井，和丈夫移居北京后无法再得到娘家的精神支持，老年又面对经济困难，一生不可谓不凄苦，但她却从没有迁怨怒于旁人；光是这一点，就值得大家尊敬了。

第三章

侧写许广平

娜拉走后

在中国新文化运动时期，易卜生笔下的娜拉是个偶像式人物。

易卜生实在是个高手：他让娜拉把大门一关，迈出离家的步伐，从此看不见踪影。读者隔着大门，想象她踏上通往美好未来的金光大道，心里起了积极的感觉，唤起理想，激扬斗志，这可不是“五四”青年男女应有的本色吗？

但当时在中国的读者也有和易卜生不相上下的高手，视野没有让那扇大门挡住。他看着娜拉愈走愈远，知道她最终总要走进作者不愿提起的问题中：

娜拉接下来的生活怎么过呢？

标榜“直面人生”的鲁迅正是这样的高手。1923年底，他应邀在北京女子高等师范演讲，以“娜拉走后怎样？”为题，指出女性必须经济独立，社会的经济系统也必须改变，否则娜拉一手把大门关上之后，依旧没有出路。

鲁迅做讲演的时候，许广平正就读于北京女子高等师范。她是个积极分子，这样的讲演自然不会错过。那年头，强化女子教育的呼声响遍全国各大城市，女师大的学生想象自己的将来，应该是学而优则教。相对于大部分年轻中国女子而言，她们能掌握自己前途的可能性高多了。平心而论，像许广平这样的女学生固然同情娜拉，但在她们的想象中，自己的未来跟娜拉应该不同吧？

说到这里，我倒想做一个十分浪漫的假设：娜拉离家出走之后，碰到一位思想前进的文坛斗士；他不但为正义抗争，也推动女子权益，是新文学与新文化的精神导师，千百万青年人的偶像。

娜拉有幸，和这个人相知相恋，排除俗世的障碍，两人终于生活在一起了。接下来娜拉过的又是什么样的日子呢？

我们不必凭空想象，因为有实例可供仔细参考：

> 她既是妻子、母亲，又是秘书、保姆……每日有大量的家务活，一日三餐，里里外外，夏天预备着冬天的，冬天做着夏天的；客人来了一批又一批，她一边谈着一边手里织着毛衣……一有客来，

得临时上街买菜，下厨烧炒；丈夫临时要寄一封信，她就换上皮鞋，跑到邮局去……

——张小红《十年携手共艰危》[1]

假如出走后的娜拉运气真的那么好，和心意相通的正义斗士共同生活，那么上面的描写就是她下半生的日程了。

对当年坐在学生群中听演讲的许广平来说，上述的生活方式和她本人想象中的未来简直是两个世界——她的志愿是献身教育，投身社会运动，而不是埋头做个贤妻内助。但人生往往出人意表；许广平始料不及的是，接下来的一年多，北京女子高等师范会掀起庞大的学潮，她会成为学潮的核心人物，而学潮的巨浪又会把她和鲁迅卷在一起，改写她一生。

上面引文中描写的“她”，正是后来和鲁迅生活在一起的许广平。

1　从女性角度写许广平的评论文章中，以张小红的《十年携手共艰危》最能体会她面对压力和矛盾所作的牺牲（见《许广平纪念集》），读者值得一看。

广州女子

许广平出生于广州市，家中有三个哥哥、两个妹妹。她说自己是仕宦人家，一点不虚，她家的地址就透露了底细：广州高第街许地。

许家曾经一门三进士，当得起“高第”之名；至于“许地”，则说明是有产之家，可惜传到她父亲一代，已经破落。尽管如此，许家始终保存了一点省城高尚人家的气派，按许广平自己回忆，“百多族人聚居在一处，长辈联手维系传统恶习”。也许就是这份气派，让旁人热衷与许家攀亲，所以许广平很小就倒霉了：她出生后不久，父亲被人灌醉，糊里糊涂替她定了娃娃亲，他酒醒后虽然有悔意，却信守诺言，坚持许广平长大后要嫁给那户土豪劣绅。

俗语说：福兮祸所伏，祸兮福所倚。以此形容许广平的童年倒很恰当。按理说，广州接触外来文明最早，许广平的母亲又是澳门人，外祖父更是华侨，应该比较开通吧？谁知她母亲家最重视三寸金莲，因此逼着许广平缠足；反倒是她父亲不同意，理由是许广平已经定了亲，将来嫁到乡下人家，哪儿能有婢女从早到晚在身旁伺候？她父亲认为小脚将是她婚后生活的障碍，因此全力禁止。可以说许广平得免缠足，靠的是自小定了娃娃亲。

清末女子问题，除了缠足就是上学，这回轮到许广平的母亲发挥积极作用了。许家长辈联手维系的恶习，包括不许家族中的女孩念书，认为会折了男孩的志气。许广平的妈妈却不认同，理直气壮地说“当年我在家里也和兄弟们一起读书”，为女儿争取到进私塾的机会。她父亲始终坚持男女有别，对私塾老师说：男孩念书用蓝青官话，女孩只许用广东话。这性别歧视的情况，许广平得自己解决，于是她专心用官话背书，老师用广东话教她，她就假装不会背，大家终于放弃强迫她用广东话读书。从小习惯了用官话朗读，对许广平后来在天津和北京念书大有帮助。

许氏父母在女儿定亲、缠足和读书的问题上看法矛盾，正好反映了当时的社会背景：一般国民即使生活在与外界接触甚多的广州和澳门，观点还是受自己小时候的经历影响，对“新”与“旧”的衡量参差不齐，没有固定的所谓先进标准。

辛亥革命期间，许广平全家移居澳门暂避。她母亲不久就去世了，一家人由曾经留学日本的大哥许崇禧照顾。许崇禧推崇革命思想，许广平受他的影响，开始阅读《平民报》《妇女报》等先进刊物，建立起一套新女性的形象：不涂脂粉、不戴首饰、不穿绸缎；这朴素的装扮成了她终生的风格。

在许广平的青少年时代，最大的阴影是与她定了亲的马家再三催婚。她十六七岁时父亲去世，娃娃亲这回事终于有了转机。她得到哥哥支持，决定悔婚，投奔远在天津的姑母。据说马家还是不愿放手，打听到她的下落，许广平的二哥终于用了个传统办法为她脱身：把家族卖字画分得的一部分钱给了马家，让他们另外讨一房媳妇（广东有妇女定了亲“不落家”的传统，以顺德县最有名），不要再拿着娃娃亲的关系纠缠下去。以广东旧风俗为许广平换来新生活，可以说体现了当时的时代特性。

许广平在天津考进直隶第一女子师范就读，开始参与社会运动；1922 年毕业之后，投考北京女子高等师范成功，1923 年入学。这时她认识了北大学生李小辉，开始了她的初恋。可惜他们相处的时间不长，两人先后感染猩红热，许广平及时诊治，李小辉却不治去世了。

李小辉的死对许广平是个沉重打击，差不多二十年后还不能释怀，她曾经在1940年写文章追述此事（见《新年》）。她二十多岁就常说自己飘零一生，视生命如草芥，和这次所受的感情打击很有关系。

但毕竟许广平的性格倾向积极进取，她热衷于投入学校各方面的活动，借此平复感情上的伤痛，因此当校长杨荫榆与北女师的学生展开日益强烈的斗争，甚至动员北京教育部实行封校的时候，许广平就成为这次学潮的中坚分子，杨荫榆口中的害群之马（鲁迅因此昵称她为“害马”，简称HM）。她为了北女师的学运向当时在北女师讲课的鲁迅求教，两人的关系在几个月间变得愈来愈密切。

为爱奔驰

许广平和鲁迅的交往以通信开始，接下来她与同学登门造访，不久就成为鲁迅家的常客，但两人依然通信不断，三个多月写了四十多封信。这些信件后来以“两地书”之名发表，因此他们关系的脉络一直有迹可循（《两地书》收入《许广平文集》和《鲁迅全集》）。

鲁迅当时已经四十多岁，困于母亲安排的传统婚姻，又与二弟周作人闹翻，对人生看得很灰暗，没想过要另外闯出一条路。但许广平率真直爽，完全不隐藏自己的感情，可说是两人关系的原动力，让鲁迅开始怀疑自己是否真的就该枯木死灰地过下半生。1925 年 10 月，她公开发表《同行者》一文，声言要“一心一意的向着爱的方向奔驰”；她的另一篇文章《风子是我的爱》更直接面对她与鲁迅的年龄差距和鲁迅的婚姻问题：

不自量也罢，不相当也罢，同类也罢，异类也罢，合法也罢，不合法也罢，这都于我们不相干。

这样公开发表“爱的宣言”，即使在新文化运动时期也属罕见，充分显示许广平的胆色；她小时候爱读任侠的小说，在这里就显露了类似红拂夜奔的本性。当年鲁迅身边不是没有别的年轻女子，例如与他同乡的许羡苏和他家的关系早就很密切。许广平与她们不同的地方，除了在学运斗争中与鲁迅是同志以外，最重要的还是她既有风趣的一面（例如她在信中把自称不愿做“老兄”的鲁迅叫作“嫩弟”)，同时又硬朗洒脱，有一种义无反顾的气概。她的调侃让鲁迅动心，她的豪情让鲁迅震撼，他终于说出：“你战胜了。”

这不是很有趣吗？恋爱对他们来说是一场战事：许广平进攻，鲁迅防守，终于鲁迅认输了，承认自己“可以爱”，可是许广平还不肯放松，往前再推一步，要鲁迅把恋爱关系公开。她把两篇“宣言”《同行者》和《风子是我的爱》交给鲁迅在他主编的刊物发表时，我们可以想象两人间的潜台词。许广平在向鲁迅挑战：“我敢写，你敢发稿吗？”

换了别的男人，可能觉得这个年青女学生步步进逼，有点难以招架；但鲁迅本人向来战斗性强，厉害的挑战反而让他觉得有意思，于是毅然证明他敢发稿，因此这两份“爱的宣言”虽然出自许广平的手笔，但一经公开发表，实际上等于是他们两个人共同负责。

有了宣言，接下来就要诉诸行动，不过他们两人的行动还是小心翼翼的。1926 年，许广平在北京女子师范毕业，经介绍得到故乡广东省立女子师范的教职。她离开北平时与鲁迅同行，但目的地各异：鲁迅应聘到厦门大学文学院。他们互相的承诺是：在事业上好好干两年，再迈出下一步。他们在这段时间的通信都收入《两地书》，这篇侧写的短文就不详叙了。

1927 年，他们的恋爱行动又往前小心地多走一步。鲁迅因为受不了厦门大学的人事斗争，转职到广州中山大学。许广平在女子师范的情况也很艰苦，一会儿要她兼任训育主任，一会儿又要她替代离了任却依然住在宿舍的舍监。用她自己的话，是“食少事繁，实在难以为继”。除此以外，她也面对经济困难，月薪三十多元，不但要帮忙关照寡嫂、侄子和幼妹，更有不知多少远房的亲戚上门求借，认为她在大学一定有人上人的薪金。加上学生搞派系斗争，学院又欠薪，此时孙伏园说中山大学愿意聘她为鲁迅的助教，于是她下定决心离开女子师范。

鲁迅到了中大后，与许广平在工作上是伙伴，在生活上则分租同一所住房，合伙找人在家中做饭，事实上就是同居。可是鲁迅还是步步为营，大概因为广州是许广平的老家，他更要提防风言风语，于是找来老朋友许寿裳同住同吃。此举颇有英国维多利亚时代的风味：年轻男女不许独处，总得有个年纪大的女性在那儿做“电灯泡”，以证实二人的清白。

这样的安排自然不是长计，他们终于在 1927 年秋天迁居上海。一方面固然是因为大学人事和广州政局的关系，另一方面也因为在大学任教毕竟还是在社会和政府的建制之内，他们要在恋爱的路上再往前公开走一步，就等于直接挑战建制的成规，难免波澜四起。（徐志摩与陆小曼因为离婚和再婚搞得满城风雨，暨南大学就曾拒绝聘任徐志摩，理由是他有人格问题。别的学者也曾面对类似的情况。）而且上文已经提及，许广平的老家在广州，假如他们不离开，如何面对许家上上下下的人，也是伤脑筋的事。

这种种顾虑的原因很简单：鲁迅已经有妻室。

同居的婚姻

许广平和鲁迅谈恋爱，充分体现了新女性开放和反传统的一面。她不但在两人关系开展初期采取主动，而且在关系进展的过程中也表现了极强的决断力，考虑到鲁迅需要对妻子朱安负责，因此想出一个实际可行的安排：她和鲁迅只是同居，而不结婚。

表面看来，这个安排和当时流行的“逃婚”颇有相似之处。鲁迅把太太和母亲留在北京原来的家，自己终于和许广平在上海定居；但实质上他们的做法和“逃婚”有很大的分别，因为鲁迅和许广平并不抹杀朱安的存在，而是接受朱安在周家的身份，也支持朱安的生活。这种既摆脱传统婚姻框架，又摆脱新文化时期逃婚框架的做法，不一定为时人理解和接受，例如周作人就借此讥讽鲁迅一边以青年导师自居，一边纳妾。

1927 年 10 月许广平和鲁迅在上海开始同居生活后，与当地的朋友往来时，关系是公开的，可是却没有通报自己的家长，直到1929年许广平怀孕了，才走出这最后一步：鲁迅回北京探母，亲身面禀；许广平则通过天津的姑母向家里说明与鲁迅的关系。

他们之间没有聘书、礼书和婚书，见证他们婚姻的是《两地书》。

鲁迅英文传记的作者卜立德（David Pollard）认为许广平和鲁迅两人早年的关系的确有“广平兄”和鲁迅“嫩弟”的味道，也就是说以许广平为主导，而到上海以后，鲁迅不论在感情上还是生活上都依赖许广平，因此两人是罕有的真正的伙伴关系。这个看法很持平，可惜不是一般人都认同的：他们在上海时，许广平退居幕后，鲁迅在文学上“产量”愈高，在幕前愈活跃，她就愈感觉孤寂。

许广平和鲁迅同居以前有自己的事业，她到了上海后，也曾积极找寻工作，读者千万别以为她一心一意要做个“小女人”。她清楚说过：“也曾希望有个工作，独立地为社会服务……”可是鲁迅却不愿意许广平离开自己的身边。他说如果她投入工作，自己“又要恢复到以前一个人干的生活去了”；又认为她即使全职工作，所得的薪水也有限。他们在上海的生计全靠鲁迅的稿费收入，因此尽量让鲁迅把精力投入工作，也是很实在的考虑。客观环境如此，加上公开同居初年的生活的确过得甜蜜，让许广平终于放弃求职的可能性，在家务以外挑起鲁迅秘书和助理的职责。到他们的儿子海婴出生后，许广平想回复职业妇女的身份就更困难了。

一个站在妇女运动前线的年轻女子，经过自由恋爱和个人选择而建立的婚姻关系，竟然令她失去原来的独立地位，这实在很讽刺；许广平对这一点深有体会。她曾精简地概括她年轻时的志愿如何被婚姻生活磨掉：

> [为了] 寻求活的学问，向社会战斗的学问，去请教鲁迅先生，然而后来却消磨在家庭和小孩的繁琐上。一个女人，如果这两方面没有合理的解决，没法放开脚走一步的。这苦恼的情形，不是男人所能了解。
>
> ——《像捣乱，不是学习》

上述的感受，不但新文化时期希望有作为的女性都有同感（读者可以参阅本书有关林徽音的章节），即使在今时今日，大多数要同时面对家庭责任的事业女性也有“曾经此苦”的感叹。不管思想先进的男子在原则上如何支持男女平等，一旦要他身体力行，恐怕多半要以“非不为也，是不能也”做借口。许广平曾经引用一个好朋友的话评价这样的风气：

> 尽管在社会上大吹男女自由平等，要女人出来谋生，经济独立，一说到自己的女人就什么都两样了。
>
> ——《从女性的立场说“新女性”》

这话虽然不是完全针对她自己的经历，但用来形容她和鲁迅同居后的情况，也算得上一针见血。

从新女性到贤妻良母

本章一开头说到，1923年鲁迅在北女师讲“娜拉走后”，说明女性要有独立人格，必须先取得经济独立，但他与许广平在上海生活时，却只是让她当自己无偿的秘书和助理。可能有人会说，她在广州中山大学就曾出任鲁迅的助理，到了上海继续这份任务，有什么分别呢？其实分别可大了。她在广州担任的是大学职务，她是个职业女性，但在上海，不管鲁迅在感情上和实务上如何依赖她，她始终只是鲁迅的太太，在社会上没有独立的身份，更没有独立的经济收入。

像许广平这样的新女性和传统妇女最大的分别，是她们充分意识到人格独立包含的规范，而独立人格正是她们最珍惜的。许广平虽然不能重新做个职业妇女，但和鲁迅同居后，一直保留了三百元作为“应急钱”，并且公开告诉鲁迅和他的朋友，说假如两人关系破裂，她这三百元个人积蓄可以让她暂时维持生计，直到她再找到工作为止。微少的三百元，成了许广平维系“独立人格”的唯一法门。即使如此，却不能掩盖一个事实：作为新女性，她最终走上了一条本来做梦也没想过要走的路——做个新文化规范中的贤妻良母。

她与鲁迅从1925年相恋，到1936年10月鲁迅逝世，前后不过十一年，而在感情上觉得安稳的日子不过三四年。鲁迅晚年身体不好，脾气更不好，让许广平压力不小。她丧夫时才三十七岁，但给人的感觉已是中年。

鲁迅死后，许广平独自肩负起家庭责任，不但要抚养体弱多病的儿子，也要支持在北平的婆婆和朱安。起初她还可以靠北新书局和友人每月付款给北平的家，但接下来北平沦陷，她自己在上海被捕，其后又四处奔走，几年无法接济在北平的鲁迅家人。到了1945年，她重新汇款到北平的时候，通胀已经非常可怕。在这里可以提供几个数字，说明当时的情况：鲁迅在1937年刚去世后，北平鲁迅家有鲁瑞和朱安两个人，每月五十元就可以维持了，鲁瑞在1939年的信中曾说到百物腾贵，举的例子是白菜一毛钱一斤。她可没法猜想往后的日子多么可怕。

1946年1月，婆婆鲁瑞已经去世，许广平在上海和北平多方筹借，给了朱安十九万法币，信中说希望够几个月的用度；到了同年 10 月，她又筹借了六十万给朱安；三个月后，她又得再筹九十万。到了 1947 年 3 月，朱安病重，她又筹款一百万汇到北平。她最后一次汇款给朱安的数字是两百万，那基本是为准备朱安的后事了。我们细看这些数字，款项的数目不断上升，能支撑的日子不断下降，这可不是局限于北平的情况，由此可以想象许广平面对的压力。

朱安对这样的压力有深切体会，在信中把医疗费和殓葬衣裳一一列明，因此我们得知当时到医院诊病要两万元，假如不能行动，要请医生外诊，费用是每次十万；朱安所置的十七件殓葬衣物总共要六十六万法币！关于殡葬的问题，朱安依循老规矩，许广平则相信要从简从俭，符合鲁迅说的“埋掉拉倒”，但她在朱安在生时没有反对死前置备殓衣的做法，反而在信中说“陆续做些衣服冲冲也好”，充分体谅老一代人，难怪朱安说“许先生懂得我的想法，肯支持我”。

财务不是唯一困扰许广平的问题，她还得维护丈夫的文化遗产。假如鲁迅的名气不那么大，又或者后来他没有一面被神化，一面被套进框架，许广平也许会有机会重拾自己的事业，开创她的个人世界。可是鲁迅不但名气大，而且文章充满战斗味，他死后数十年间，不管是哪一个政府执政，实际上对他都有戒心，许广平也就尽她一生的心力去维护他的精神遗产。她编选鲁迅作品，写作鲁迅回忆录，保卫鲁迅的文学地位；为了保住鲁迅的手稿和藏书，她在 1941 年日军进占上海时也不离开，结果被日军逮捕，监禁了两个半月，被严刑逼供。接下来国共内战，又是一番风雨。

到了中华人民共和国成立，政府给许广平委派了不少头衔，充分配合中华人民共和国对妇女运动的定位，这样的角色涂上了厚重的社会主义油彩。

“文化大革命”初年，鲁迅的部分手稿被当权者“调动”去了，许广平心急如焚。据她儿子周海婴说，这直接影响了她的心脏病。她在 1968 年去世，遗愿是把身体捐作医学实验之用，但政府对这位鲁迅遗孀另有安排，把她葬于八宝山。

第四章

跳出框框的江冬秀

对研究新文学的人来说，江冬秀的名字可能不算陌生，但也算不上熟悉。不管谁提起她，总是作为胡适人生的一个附注。为了强调这对夫妇背景如何不同，有些作者把江冬秀形容为村姑、文盲、小脚夫人，似乎她是“封建版灰姑娘”，摇身一变，成了“时髦的洋博士太太”——从一个框框跳进另一个框框。事实是否这样呢？

江冬秀生于清末的中国乡村，死于20世纪后期已向国际都市迈进的台北市，她一生居住过的地方包括北京、上海和纽约，这样的人生自然是多变的，更何况她生逢战乱，又值社会文化经历剧变的时期。在这样的时代背景下，她的蜕变可不是童话“灰姑娘”式的，她的性格与周遭环境如何磨合，是个值得琢磨的故事。

“高攀”的婚姻

生于1890年的江冬秀进入中国文化史的视野，只因为一件寻常事：清末，1904年，她十四岁时，母亲为她定了亲。江母吕贤英看中的是胡家幼子——江母和胡母冯顺弟的娘家有点亲戚关系，探亲时遇上胡母带着儿子归宁，有几天大家同屋而居。那男孩胡嗣穈比江冬秀小一岁，眉清目秀，聪明得体，江母看着甚为中意，就托女儿的私塾老师做媒。

远房亲戚经由父母之命定亲，在当时比比皆是，如果硬要找个比较特别的地方，只能说是媒人的身份——他是女方的老师，也就是说，江冬秀不是什么“文盲”。

按当时的社会规范而论，江家是安徽省旌德县江村的望族，祖上出过探花和翰林，胡家只出过地方官吏，自然远远不如。虽然两个孩子都在幼年丧父，但江家底子厚，依然殷实，胡家却已经破落，因此江母的选择说明她轻名利、重才华，时人看这段亲事，谁都会认为“高攀”的是胡家。另一方面，胡母冯顺弟只有一个儿子，对“高攀”很有点戒心，又怕媳妇比儿子年龄大，会相冲，于是算命、排八字、求神，无所不至，江冬秀过了三关才被胡母认许。

江家位于乡下，又是传统的书香门第，家中女孩自然从小缠足，冬秀也不例外。事实上，在她的家乡，比她年轻十多岁的女孩依然被逼缠足。乡村望族的闺女在家不必做粗活，但烹饪和针线功夫得认真学，不然婚后娘家要丢脸；至于学问，固然有不少才女出自江南世家，但江家不在此列——闺女读几年书，会认字就够了。

两人定亲后，江冬秀和未婚夫的人生道路开始出现分歧了。胡嗣糜到上海进入新式学堂，取“物竞天择，适者生存”之意，以“适之”为表字。他虽然有一段日子生活放荡，但天生聪敏，1910 年考取庚子赔款留美奖学金，定名为胡适，同年 8 月赴美，行程紧迫，甚至未能回家拜别母亲。

胡适赴美之时，江冬秀已经二十岁，按当时的习俗，是个老姑娘了。但未婚夫成了留学生，她只有在家守候，到底要等多少年，是个未知数。要知道胡适的消息，只有通过他寄给母亲的家书。

打破传统

在胡适留美期间，胡母在家孤身一人，江冬秀常往探望，每在胡家小住，大小家务都得动手——打扫台阶这类杂务，江家有用人操持，胡家可不一样。她没想到的是，自己会因此迈出打破传统的第一步。

胡适接触西方风气的初年，慎守男女之大防，鲜与年轻女子往来。他知道江冬秀“时来吾家，为吾母分担家事”，心生感激，1911 年 5 月直接写信向冬秀道谢，并鼓励她抽空读书，也可请教胡家侄辈，接着又通过母亲要求冬秀直接和他通信。这是反传统的要求，但对江冬秀来说，未婚夫的信无疑是颗定心丸。经过他再三向胡母强调“新礼俗”不必避嫌，她终于在 1913 年给胡适写了第一封信，虽然是托人代拟，但向未婚夫细说家常，是她人生的创举。接下来两人互相寄了照片，她在信中说：“有影片以当晤对，心心相印，乐也何如。”在民国初年的保守乡村，这样的情书可不多见。

除了通信，胡适也通过母亲鼓励冬秀放脚。相对于比她大十二岁、生于县城绍兴的朱安，江冬秀的运气好多了。她在私塾读过书，又能放脚，除了因为家庭比较开明，最重要的还是时代的影响：踏入20世纪，清政府连番立例，下令禁缠足，兴女学，为她未婚夫的要求提供了来自朝廷的理据。再者，江家对胡适的要求也不敢掉以轻心，怕的是冬秀年龄日大，双方重洋相隔，男的受了西洋社会熏陶，会因女方追不上时代而悔婚。当然，二十岁过后才放脚，折断的骨头不可能复原，脚型难以改变，只能长得肥大一点。但放脚的意义大于一切，是脱旧迎新的象征。

胡适居美的后期，不再受男女之严束缚，和年龄相近的女性往来，终于与韦莲司（Edith Clifford Williams）坠入爱河，在给母亲的信中也提起她。当时关于胡适要悔婚另娶的谣言不少，传到乡间，自然让胡母和江家忧心。1915年下半年，胡母终于托人转向韦莲司表明，说胡适的婚约绝不能解除，同时也向儿子追问为何久不思归。胡适回信强调“江氏之婚约为不可毁，为不必毁，为不当毁”，还请母亲把信给江家看，才算平息了风波。可是胡适依然在美，江家不能全无忧虑。1916年初，江冬秀的母亲因病去世，临终还以女儿未嫁为遗憾；女婿是母亲选的，冬秀听了此话，怎能不伤心？

1917年7月胡适终于回国了，作为白话文运动的先锋，受聘为北京大学教授，同时也要实践他对母亲和江家的承诺，在8月到江家商议婚事。江村是独姓村，邻里都是亲戚，自然纷纷跑来看热闹。胡适表示希望见冬秀，她的哥哥倒很通达，江冬秀虽然也想见未婚夫，可是明知有那么多人要看她的羞态，感到“不好意思”。尽管她和胡适曾经通信，但那是私底下的事，眼前却是众人等着起哄，因此她躲在房里，不肯出来。谁知亲戚把胡适招进她的房间，她情急之际，逃到床上，把帐子放下，哭了起来。在这尴尬的一刻，胡适及时退出，为她解了围，事后还写信安慰她，说冬季回来必定成婚。

他们的婚礼在胡适二十六岁（虚龄二十七）的阴历生日那天举行，江冬秀按传统穿着大红裙袄坐进花轿，结束了多年的等候。到了胡家，婚礼破旧立新，没有叩头，没有对拜，只行鞠躬礼。从定亲以来，江冬秀大概做梦也没想过不必向婆婆和祖先跪拜，她也同样不会想象自己的新郎头戴礼帽，足蹬皮鞋，从头到脚都是西服。在她等候成婚的岁月里，朝廷和皇帝没有了，老规矩一一倒下了，丈夫是推动新规范的带头人之一，当家做主的大哥都愿意听他的主张，冬秀自然不反对。再说，他写的白话诗易看好懂，成婚后所作的《新婚杂诗》处处表现对妻子的体贴，更让江冬秀心里踏实了。

有为之妇

新婚后胡适回北京工作，江冬秀留在老家，她婆婆抱孙心切，希望儿子儿媳早日团聚。胡适为了迎接冬秀到北京，租下了一处约有十七个房间的四合院（九个是正房），她1918年3月到北京，就住进了这所在钟鼓寺的房子。这儿和乡下的胡家不一样，雇了三个用人，这固然与胡适的收入和地位相称，也因为房子面积不小，访客众多，也有亲戚留宿，很难独力应付。江家本来就有用人，冬秀善用雇用之道，看准了用人中的杨妈有干才，让她当管家，家事很快上了轨道，往后胡家住的房子愈来愈大，用人也愈来愈多，一切都有赖江冬秀调度得宜。

江冬秀和丈夫团聚不久就怀孕了。她的婆婆一直盼胡家有后，媳妇有孕自然让她兴奋，可是她未能看见孙子出生，就染上流行性感冒，在乡间病逝了。夫妇二人接报，马上赶回去奔丧。胡母下葬后不久，胡适就得回北京工作，当时江冬秀即将临盆，受不了舟车劳顿，留在老家待产。她的长子在 1919 年 3 月出生，取名祖望，就是胡适为了纪念母亲所取。

江冬秀出嫁以前，和婆婆相处了六七年，深知如非婆婆做主，她的婚姻可能不会成就，因此对婆婆自然有感情。尽管她感到哀伤，可是婆婆去世、长子出生，让她在胡家的身份不一样了：她成了家中主母。接下来两三年间，女儿素斐（1920 年）和幼子思杜（1921 年）相继出生，在众人眼中，她是个有福气、有地位的太太。可是这没有改变她的本性，她节俭持家，让丈夫不但后顾无忧，而且对她由衷佩服。这是胡适的话："我结婚时，家里欠了债，但不到两年，不但还清了债务，还有节余。这全是太太的功劳，是她省俭的结果。"

除了节流，江冬秀也关注收入来源。胡适勤于著述，稿费所得相当高，但出版社往往拖延付款，胡适不好意思追讨，江冬秀却认为欠款无理，得讨回公道，甚至为此和丈夫争执，大家都说她厉害。事实上，胡适欠缺理财的能力，掌管家中财务的是江冬秀。婚后十年，她理财的成绩让她可以为胡家完成头等大事——修祖坟，迁葬胡适的父母和祖父母。

重修祖坟所需的地是胡适托人找的，但 1928 年在乡下主理工程的则是江冬秀。从采石到布局和植树，雇用十多个工人，花了几个月时间，三千多大洋，胡适感激之余，在铭文附记："谁成此功，吾妇冬秀。"

江冬秀一生节俭，可是对亲朋绝不吝啬，这和胡适的性格正好配合。她热心公益，支持丈夫义助友人，办学修路。她家的雇员不但待遇好，也感受到主家的人情味，协助胡适文书工作多年的章希吕深有体会，他记述"适兄嫂"如何为他父亲办寿礼，实际主其事的自然是江冬秀。

江冬秀到了北京后，接触到另一个世界，新派学者和文化人尊重女性，胡适对妻子又一直体谅眷顾，让她觉得的确是"男主外、女主内"，二人地位平等，因而自信大增。对于丈夫推动的白话文，她也乐见其成，因为她体验到这是易于掌握的沟通工具。用她自己的话说："我见适之他们朋友往来的信，做文章，都是用白话，此比从前那种客套信容易多了。我从来不敢动笔，近来适之教我写白话，觉得很容易。"

上面的引文是江冬秀写给舅舅的信。出嫁前那羞涩的姑娘在北京新文化圈中耳濡目染，如此坦然地向长辈发表意见，已非吴下阿蒙了。在她往后的婚姻生活中，用白话文写信成了重要部分，是她始料不及的。

婚变危机与打抱不平

作为三个孩子的母亲，北京胡家的主母江冬秀与丈夫平起平坐，各有所好。晚饭后胡适钻进书房，江冬秀则去攻打四方城，两人都曾劝说对方不要那么沉迷，但都不成功，只有顺其自然。

胡适回国后三五年间，声名暴涨，工作压力同样暴涨，健康一直欠佳，到了 1923 年，终于得到批准休假一年，让他养病。要是他留在北京，依旧是访客盈门，所以他干脆到杭州养病去，做伴的是江冬秀婚前就已认识的胡家聪侄。谁也没料到，南下半年，胡适会坠入爱河，对象是姻亲表妹曹珮声，江冬秀婚礼中的女傧相（见本书第五章）。

江冬秀起初听说珮声也在杭州，曾表示丈夫和聪侄有珮声照顾，她可以放心了，怎料到几个月后会传出曹胡之恋？江冬秀闻讯，马上就要南下。胡适为避其锋，只好回到北京，但他依旧盼望和曹珮声长相厮守，而他尊敬的母亲已经逝世，不必顾虑伤她的心，于是找个机会想向太太提出离婚。江冬秀当然不同意，但她激烈的反应远远出乎胡适意料：她听到“离婚”二字，二话不说，冲进厨房，拿起菜刀，高声说既然胡适不要她，自然也不要儿子了，她干脆先把两个儿子杀了再算！（有意思的是她没有说要杀女儿，可见“无后为大”的思想根深蒂固。他们的女儿在1925年因病夭折，只有五岁。）

江冬秀拿出菜刀，把胡适吓倒了。他本来就自认是PTT（怕太太）主席，经此一役，以后不敢再提离婚了。可是他和曹珮声的恋情没有马上中断，有机会南下时总愿和她相见，江冬秀也容忍了好几年。这次差点婚变的打击，加上她不平则鸣的天性，让她对别人的离离合合也公开打抱不平了。

江冬秀过问别人的婚姻不止一次，但以梁宗岱事件最为有名。1931年秋梁宗岱受聘于北大，他在广州的妻子姓何，被他抛下多年（又是一个逃婚的例子），听到消息赶抵北京，希望夫妻团聚。梁宗岱当时另有所恋，不肯承认她，他太太是旧式女子，在北京无亲无故，投靠无门。这件事在北大传开了，江冬秀知道后，不但把梁宗岱的妻子接到家中居住，还发动胡适和他的北大同事为何女士争取公道，双方终于闹上法庭，江冬秀和胡适为何女士出庭当证人，梁宗岱被判败诉，后来终于作出经济赔偿，办理离婚。何女士免于像其他被抛弃的妻子那样无法求生，江冬秀功劳最大。

另一宗相似的事，是蒋梦麟爱上故友高仁山的妻子陶曾谷，为了和她结合，与原配离婚，冬秀心中有气。胡适应邀做蒋、陶二人的证婚人，她很不满意，在婚礼当天把大门锁上，阻挡丈夫赴宴，结果胡适跳窗外出，完成证婚的任务。这件事戏剧性地展示了江冬秀和丈夫各有所执，前者态度强硬，后者手法迂回，可以说是他们婚姻关系的写照。

江冬秀并非总是反对离婚的。1931 年徐志摩到北京大学教书，寄居在胡家，行李中从上海带去的两件棉衣都是破的。尽管江冬秀当年对他高调的离离合合很不满，看着这情况也觉得他可怜，替他补好了衣服，还大为不平，劝他干脆也跟陆小曼离婚算了。

二十年的北京生活是江冬秀蜕变的重要时期，她有自己的观点、自己的圈子（包括麻将圈子），还有踏足法庭的自信，连口音也改变了——胡家后辈亲戚说中年的她说话带着京腔。凡此种种，固然由她本人的个性主导，但胡适的个性和他所提供的环境也同样重要；要是她遇上像鲁迅那样的丈夫，不管天性如何能干自信，也难有发挥的空间。

上海岁月

日本侵华为胡家带来剧变。胡适在1937年9月接受国民政府托付，单独出国开展国民外交，1938年起是中国驻美的战时大使。长子祖望进入西南联大（后来赴美），江冬秀与幼子思杜迁居上海，逃避战火，生活并不稳定，经济也很艰难，起初寄居在侄女婿家中，后来租住三德坊的小房子。胡思杜不思长进，终于父母都认为只有把他送到美国读书。他出国后，江冬秀为了节省，和他一个同学合租小公寓，两代人相处不易，她又再搬回侄女婿家里。她曾希望丈夫也接她到美国，可是胡适把在美的生活从实相告，说要是她在，应酬免不了，做客要坐首席，在家要当女主人，她不通语言和礼节，怎么能应付呢?

他们数十年婚姻生活里，这大概是江冬秀唯一真正自卑的时刻，她在给丈夫的信中说："你要是讨了个有学问的太太，不就天天同你在一块，照应帮助你吗?"她是个行动型的人，遥遥无期地独自困在上海，自然不是滋味。1939年冬天，她在上海过五十岁生日，收到胡适寄来的礼物，悲从中来，在后辈亲戚面前哭了起来。胡适在美国生病进医院，她是从报上看到消息的，写信给他说："心想打个电报都不敢，可怜我们到这个地步，做人太难过了。"抗战后期，她迁回胡家在上庄的祖居，起码减少了漂泊的感受。

江冬秀在上海期间，曹珮声和一位曾姓的同事有了婚约，不巧曾先生的亲戚遇上江冬秀，提起此事，她忍不住大数珮声的不是，婚约因此告吹。我们理性衡量，会想到假如曹珮声的婚姻成就了，细水长流的感情会减轻她对胡适的牵挂，也会让胡适减轻对她的歉疚，这该是江冬秀喜见乐闻的。我们不免要问：江冬秀怎么没想到这一点？

事实上，曾让胡适投入多年感情的女子，并不限于曹珮声。胡适在美国念书时结识的韦莲司与他的感情关系更长远，但江冬秀对韦莲司并不妒恨。对比之下，江冬秀对曹珮声的恨意可以说明一点：她认为韦莲司没有威胁她的婚姻，是个守礼之人，所以她能接受胡适有个学问识见高于自己的远方红颜知己；但曹珮声这个"小女孩""自家人"却真正动摇了她的婚姻，因此江冬秀的恨既因为曹珮声是情敌，更因为她觉得受了自家人欺骗——她的安全感受到多重打击，又是个直性子，遇到机会就先吐为快。正因为不善于盘算，她才错下了这一子。

1942年胡适卸任大使，但没有马上离开美国，而是留在纽约做学术研究，1946年回国时，夫妻已分别了八年零八个月。

视政坛为泥沼

20 世纪 40 年代最能代表江冬秀择善固执的一面。胡适学成回国后，曾许下二十年不入官场、不谈政治的诺言，但随着他的名望高升，官场和政治都找上门来，他也试图走书生论政的路，和友人一起出版《独立评论》，江冬秀虽不赞成，也奈何不得，后来刊物被封，她才宽了心。大家爱说江冬秀文化程度低，又是在乡村长大的女孩，那么她到底如何形成慎防从政的识见的呢？

江冬秀的丈夫既是文化圈数一数二的人物，与朋友交，固然会针砭时弊，在家闲谈，也不免涉及时事，他们二人关系平等，江冬秀不会被排挤在外，经年耳濡目染，自然形成一些看法。她不光是吸收别人的观点，在北京生活，不管是学生运动还是社会运动，走到街头就有所见闻；丈夫的朋友接受政府任命，后果如何，她可以目睹；政府政策是优是劣，反映在市民的生活上；官场腐败引致通胀飞升，是她面对的现实。她既是主妇，又是雇主，接触到不同阶层的体验，即使是麻将桌子也是交流讯息和意见的地方。另一方面，她不是知识分子，没有经国济世的包袱，可以单纯地看是与非，有旁观者清的效果。还有一点，是胡适和她通信时提到的，他只有当学者，夫妻才能过稳当的日子，江冬秀在抗战期间夫妇分离，自然有深刻的体会。

1940年传出蒋介石要委任当时还在美国的胡适为“中央研究院”院长，江冬秀听到消息，马上写信劝他必须坚守原则，“不要走错了路，把你前半身［生］的苦功放到冰泡里去，把你的人格思想毁在这个年头上”。这是很严厉的措辞，充分表明江冬秀在二十多年的婚姻生活里，彻底了解丈夫的抱负、文化地位和个性弱点，还有他对自己的尊重。

战后的国民党政治败坏，蒋介石为了做门面功夫，三番两次想拉胡适下水，甚至说提名他当总统候选人。每当有这样的消息传来，江冬秀就心急如焚，再三强调“千万不要做官”。内战后期，国民党败势已成，蒋介石安排撤往台湾，北京解放前夕，派飞机接当时是北大校长的胡适和江冬秀到南京，又再拜托胡适赴美实行国民外交。

求学期间一直让父母担忧的胡家幼子胡思杜，在这关键时刻又让他们震惊了：他拒绝离开，坚持留在大陆。他往后的表现和遭遇，成了父母心头最大的一根刺。

寓居纽约

胡适1949年6月从上海乘船赴美，安排江冬秀暂居台北傅斯年家中（当时傅斯年是台湾大学校长）。1949年长子祖望和曾淑昭在曼谷结婚，她到曼谷和儿、媳团聚，却发现做新派媳妇的婆婆不是容易事，过了两个多星期就深明不能长久同住的道理。胡适终于多方安排，为她取得签证，接她到纽约（江冬秀不会英语，在美国境内换飞机还得托朋友到机场帮忙），两人住在纽约东81街胡适卸任大使后曾住过的公寓，开始海外的生活。胡适除了1950年至1952年在普林斯顿大学的图书馆有两年固定工作的合约之外，往后的收入并不稳定，多半靠积蓄过活，加上他感觉与美国学界气味不投，美国政界就中国的表现又让他生气，愈来愈觉得生活在国外不是长计，这不仅是出于经济考虑，更重要的是出于知识分子希望有所作为的心态。

江冬秀可不一样，她本来就节俭，到了纽约，和丈夫过着俭朴的生活，她不以为苦，而且长子一家也在美（胡祖望主修机械工程，一直在美国工作)，她在华侨圈中又找到麻将友人，对她来说，纽约的生活并不缺少她最看重的东西。也许有人会想，她在此地言语不通，总会影响她的自信吧?以下的小故事可以说明事实并不如此。把这个故事传诸后世的，是当时和胡氏夫妇过从甚密的后辈学者唐德刚。

纽约的公寓大楼都有消防楼梯，一天有个体形高大的盗贼从消防梯进入胡家，江冬秀独自在家，走出来看见贼人，不惊不怕，步向大门，把门打开，对那个贼说："Go！"贼人真的乖乖地从大门走了。这位老太太的威严自信由此可见。要是问这份威严自信从何而来，应该是理直则气壮。这大概就是江冬秀性格的核心：尽管她的表现方式有时让人吃惊，诸如拿出菜刀对付离婚的威胁，又或是为了稿费的事和丈夫经常争吵，但归根究底，她认为道理在自己这边，自然应该力争。

旅美的岁月为江冬秀带来一份奇特的友谊。1953 年 8 月，韦莲司邀他们夫妇二人到自己在绮色佳的家避暑，她在信中对江冬秀非常客气。当然，两人言语不通，总要靠胡适传译，但夫妇俩住了差不多一个月，可见大家相处融洽，自此双方偶尔会互赠礼物，大多由韦莲司主导，而江冬秀则一直表现得很识大体。胡适死后，她接受了韦莲司捐赠的和胡适数十年的通信，并不忌讳把二人的感情传诸后世，还请韦莲司提供一份自传，以作配合。

说到自传，不得不提江冬秀本人也写过自传。据唯一看过未完稿的唐德刚说，那是铅笔所写，有她当年待嫁和婚礼的感受，虽然有不少错别字（和她写的信一样），但个性跃然纸上，真切可爱。与她背景类似的中国女性，有多少会执笔写自传呢？这固然受了胡适的影响，也显示出她本人的尝试精神。可惜的是，她去世后这份手稿下落不明。

终老台北

1958年，胡适终于决定接受“中研院”的任命，江冬秀习惯了在纽约的生活，不愿陪他迁居台北，很多人将此归咎于麻将。难道台北就没有人会打麻将吗？按胡适说，她不爱台湾的天气，特别是怕潮湿（她1950年赴美前亲身体验过）。此外，更重要的原因是她长子一家在纽约，这儿有她唯一的孙儿胡复，老年人对孙子的感情是很浓烈的，更何况她青年丧女。再说，胡适回台北出掌“中研院”，不就是去当1940年他不愿意当的官吗？江冬秀不肯同行，岂是麻将那么简单？大家总是同情胡适在台北挨了三年多孤家寡人的日子，可是他有助理、有用人、有厨子；江冬秀抗战期间和战后独自过了八年多，有谁为她申诉呢？

当然，太太留在纽约，等于要胡适支持两个家的开支，经济上难以持久，所以江冬秀在1960年10月还是要迁居台北。“中研院”有个不成文的规矩，不许在院内打麻将，她就每星期在市中心住一两天，过麻将瘾。胡适因心脏病住院已不止一次，他提倡自由的政治立场令当权者不满，此时又因为不肯支持蒋介石连任总统，遭受口诛笔伐，终于在1962年“中研院”接待院士的酒会中病发去世。江冬秀从台北赶回，哀痛号哭，终至昏厥。她有没有想，要是胡适不“当官”，就不会受这许多闲气呢？

胡适下葬于“中研院”所在地南港，他原来的住所改为胡适纪念馆，江冬秀迁往市中心温州街居住，由胡适的朋友和学生协助，整理和出版丈夫的遗著，其间也有波折。事起于1963年，台风毁坏了胡适的坟地，当时“中研院”的王世杰表现得很不在意，江冬秀大动肝火，说要把他写给胡适的信公开（信中有他对当权者不满的话）。王世杰为此想从胡适纪念馆把数十年的胡适日记拿走，江冬秀果断地把所有日记搬回自己的住处，再次体现她理直气壮的性格。她1975年去世之后，台湾经历政治革新，“中研院”人事更替，这大批手稿终于在1990年出版。

江冬秀和胡适合葬于南港胡适墓地，这也是她的意愿。

个人选择

很多人爱指出江冬秀与胡适文化程度差距太大，认为江冬秀本有机会多看书，多向丈夫讨教，可是却沉迷于麻将，言下之意，自然是她的不是。其实两人的差异岂止在学问？论脾气，江冬秀耿直阳刚，胡适委婉阴柔；论天赋，江冬秀有干才，胡适有文才，因此二人兴趣不同，与天赋和环境有关。江冬秀结婚时已经二十七岁了，在她从小接触的圈子，麻将既是社交，又是娱乐，而她更是个中高手，赢的不光是钱，还有兴头，就等于胡适在文字堆中找到新意一样。胡适固然希望太太少打麻将，江冬秀也希望丈夫多休息少买书。两人因性格不同，时有摩擦，胡适以此为题，写了幽默的诗；江冬秀不会写诗，可是也会幽默，她跟人说胡适的房子给活人住的地方少，给死人住的地方多——他那些书的作者都是已故的人。他们在北京时，胡适每逢星期天大开中门会客，不论认识或不认识的人都欢迎到访，江冬秀称之为“做礼拜”。要是大家撇开看重学问看低麻将的传统，他们是各有所好，各有坚持，结果自然是要互相容忍。再说，我们环顾身边的亲戚朋友，也有不少人受过大学教育，而与江冬秀兴趣相同——偏爱麻将和武侠小说，可见这是个性使然，不一定跟文化程度有关。

唐德刚总结江冬秀的一生，说她是“千万个苦难少女中最幸运最不寻常的例外”。正因如此，她不囿于任何框框，既不是“从夫”“从子”式的传统女性，也不是夫唱妇随式的新派芸娘，更不是爱时髦打扮的洋化太太。随着客观环境的改变，她作出最切合自己个性的选择，就像面对自助餐，只选合口味的菜式，哪管他人如何看自己的拼凑。朴素、节俭、果断、行善是她的天性；驭夫、写白话、打抱不平是客观环境提供的机会。

胡适晚年曾说，他从来没影响过他的太太，听来有点苦涩。其实江冬秀婚后学会用白话与亲友通信，完全是胡适的功劳，她对官场和政治的看法，很大程度建基于在胡家多年接触的圈子。让他耿耿于怀的大概有两件事：第一是江冬秀不信西医，他认为这影响了子女的健康。民国初年很多人都认为西医会拿病人做实验，不信西医的可不止江冬秀；何况她在北京的那些年，也出过西医误诊、病人丧命的例子——

梁启超 1926 年在协和医院动手术出错，延至 1929 年初逝世，其间传闻极多，这样的情况不免加强了江冬秀对西医的顾忌。第二则是麻将，胡适认为太太因而疏于管教儿子。他们两人对亲子关系看法大不相同，胡适提倡视子女为朋友，江冬秀奉行传统的“骂是爱，打是疼”（对丈夫也如此）。但儿子管不好，为什么责任都要归女方呢？为什么不是文化程度高的那一位多负责任呢？胡适研究中国文化，怎么忘了儒家说一切从“齐家”做起，古语说“养不教，父之过”呢？真要打倒封建传统，也该打倒把一切归罪女性的传统。

江冬秀不是传统的贤妻良母，所以她没有乖乖地跟着丈夫回台湾；她也不是新派的贤妻良母，所以丈夫怪她不肯花时间教导儿子。她没有上过新派学堂，没有自己的职业，按五四时期新文化年代的风尚，说不上是“新女性”。可是她绝对有独立个性，也有独立人格和独立观点，这不也是“新女性”的定义吗？

第五章

霞栖楼外数星时：曹珮声的故事

假如我们只看官方发布的历史文件，会以为1902年是中国女性脱离苦海、走进新时代的重要一年，是中国女性运动的分水岭。就在这一年，清朝政府以皇太后慈禧和皇上光绪的名义下旨，劝喻全国取缔女子缠足的恶习，后来又颁下在各省开办女子学校的规章。这就是说，清政府明文规定反对缠足和促进女子教育，把这样的社会改革列为官方认可和鼓励的活动。

然而，政府条文是一回事，社会运作方式又是另一回事，两者之间存在的鸿沟，我们正可以从反缠足和兴女学这两件事上看清楚。对出生于20世纪初的女性来说，保留天足和进新学堂受教育都是重大的个人斗争，而斗争的结果到底是胜是败，很多时候不取决于个人毅力，而是要看她们的家庭背景：家里有兄长或长辈倾向维新观念的女孩，在这项斗争中占了天然优势。但即使她们中的佼佼者，还要面对更大的挑战——新文化运动呼吁的恋爱自由和婚姻自由，将会卷起巨浪，向她们打来。

社会变革是个缓慢而又迂回的过程，不是童话故事，因此年轻、勇敢、爱憎分明的女郎尽管倾尽全力，却不一定能得到自己最渴求的东西；曹珮声的人生就是个例子。她活在新和旧的夹缝之间，尽了最大努力，冲破盲婚哑嫁的命运，蜕变为一个受高等教育、有个人事业的新女性，可是她流传下来的故事，却是一段无望的苦恋。

多少五四时期的青年女子有过同样的经历呢？真是不可胜数，但她们的故事早已随着岁月流逝了。我们现在还知道关于曹珮声的一切，是因为和她谈恋爱的不是别人，正是新文化运动的开路人之一——胡适。

新女性的旧道路

曹珮声原名曹诚英，小名行娟（所以胡适称她为娟），珮声是她的字，也就是朋辈之间用的称呼，至于诚英一名，一般只有长辈才用。她正好出生于 1902 年，也就是清政府下旨宣告反缠足那一年。

假如我们光看曹珮声的学历和事业简表，会相信她是个彻头彻尾的新女性，清末政府新政策的受益人：她小时候受私塾教育，十八岁入新式学堂读书，二十三岁到南京念大学，毕业后留在学校当助教，三十二岁到美国留学，学成回国，先后在安徽大学、四川大学和复旦大学任教，是中国第一个当农科教授的女性，端的是新女性典范。

但作为一个在清末出生的女性，她的人生际遇又岂会如此简单呢？

按照清政府 1902 年及之后颁布的条文，曹珮声应该在反缠足、兴女学的风气下成长，不必经历身心的痛苦斗争。但事实上她和大多数同龄女子一样，走的人生路非常曲折。

她生于安徽省绩溪旺川，家中有田地房产，同时经营茶叶生意，堪称富裕。但她在襁褓之间丧父，母亲带着传统观念，重男轻女，再加上迷信，认为她命带刑克，导致父亲早丧，所以对她不爱反恨。她出生不久，被送到一个农妇家中寄养，到五岁时才被接回自己的家。

虽说朝廷1902年下令禁止缠足，但实际上效果极小，很多人认为满洲妇女本来就不缠足，而缠足是汉人的传统，因此风尚一直到民国初年仍然大盛，曹珮声也不能幸免，按照当时的乡村惯例，在五六岁开始受缠足之苦，最晚也不过迟到七八岁。20世纪初的中国人仍然深信，大脚女人是找不到好婆家的，而女子一生的目标就是结婚，这一点在当时绝对没有人置疑。曹珮声从小被迫缠足，以当时的眼光看，是天经地义的事。

曹珮声在家中缺乏母爱，虽然主要原因是她母亲迷信和重男轻女，但珮声本人的脾气也是导致母女关系不和的一个因素。她是个性格极强的人，从小就不肯妥协，而传统中国社会要求女子温柔婉顺，像她那样倔强的女孩自然不能讨人欢心。曹珮声也是个很有主见的人，小时候和别的孩子一起玩耍，出主意的就总是她。脾气硬、主见强，又怎么可能让本来对她有成见的母亲回心转意呢?

相对于同龄的女子，曹珮声早年的际遇也有胜人一筹的地方。她生于殷实之家，家乡有文化教育传统，因此她从小就进入村中的私塾念书，虽然她抱怨念的都是封建时代的书本，像《孝经》和《幼学琼林》之类，但起码她有持续上学的机会，一读就是十多年，比一般同辈女子幸运多了。古老的教学方式虽然未能满足她的理想，但传统教育让她学会了写诗填词，她在这方面的才气，最终成了她一生的感情寄托。

说到亲情，曹珮声虽然与家中长辈相处不来，但和哥哥的感情却很好。五四时期，很多女性能够逃离封建家庭安排的命运，为自己找寻新路向，完全因为家中有个支持自己的哥哥。例如张幼仪得免缠足之苦，许广平可以成功解除封建婚约，都得力于她们的兄长挺身而出，据理力争。曹珮声也是个典型的例子。

1915 年她离开家乡，跟随已婚的哥哥诚克一家到武昌，由家庭教师授课，虽说读的仍然是经史子集，但学习范围比在私塾广多了，不再限于传统的女子教材。这个时期的曹珮声对《史记》等书里面描写的侠义人物流露出偏爱，正好说明她的性格倾向：她为人豪爽，不拘小节，也颇有“士为知己者死”的执着。这样的性格，谱成了她往后的命运。

不过话说回来，1915年在武昌这样的大城市，曹诚克仍然只让妹妹在家中念书，没有把她送进新学堂，由此可见民国初年的社会风气还是非常保守的；“兴女学”的口号尽管喊了十多年，成效依然有限。

从结婚到离婚

中国新女性运动的第一波是“反缠足”和“兴女学”，但到了民国初年，依然成效不大，那么新女性运动的第二波——婚姻自由——对年轻的曹珮声来说就更是遥不可及了。她只有十六岁，就嫁到离本乡不远的胡家，丈夫名叫胡冠英，年龄和她相近，家境富裕。这段婚姻自然是双方家长安排的，据说还是最传统的指腹为婚。父母之命，媒妁之言，是民国初年的正常社会规范。

二人婚后，胡冠英继续在徽州府中学念书，而曹珮声则辍学了。这是当时中国中上家庭的女孩面对的同一命运：婚后侍奉公婆，生儿育女，一辈子就这样过了。虽然曹珮声和丈夫感情不怎么样，但据她自幼认识的朋友说，她起初也没有对婚姻作出太大的反抗，可能还抱有一点“夫妻之义”的想法。毕竟这时五四运动仍未诞生，恋爱和婚姻自由等口号也还在未来。倒是她在美国留学的哥哥曹诚克知道妹妹十六岁就出嫁，写信回家向母亲抗议，说这是把妹妹害了。曹诚克认为珮声聪明好学，不应该因为这段婚姻而埋没才华。他表明愿意提供经济支持，又委托在杭州工作的好友代为关照，让妹妹到那里继续念书。

经济问题是当时女性走上新道路的最大障碍，因此鲁迅才会提出：“娜拉走后怎样？”曹珮声有幸得到哥哥资助，终于在 1920 年她十八岁时进入杭州女子师范学校，首先念预备班，接下来是四年师范教育。

以传统的眼光来看，这实在是一个罕有而又奇怪的安排。胡冠英的父母是保守的人，怎么会容许儿媳妇离家外出，进入新学堂念书呢？不但如此，胡冠英也步妻子后尘，在 1921 年离家到杭州，进入浙江第一师范学校，成为新学堂学生。浙江一师是当时华东有名的新派学校，胡冠英决定到那里求学，显示他并非保守不求上进的人，而他和曹珮声同时在杭州念书，不是可以摆脱父母的压力，有助于培养夫妻感情吗？

可惜事实往往不那么单纯。从胡家二老的角度看，媳妇和儿子相继离家，又是怎么一种境况呢？曹珮声嫁入胡家两三年，既没有生下一男半女，也算不上是个恭顺的媳妇。她忽然决定离家入学，不久后还把丈夫也带了出去，两个老人留在家中，没有人晨昏定省，心中又岂会不怨不怒呢？无奈媳妇当初是自己挑的，只有抱怨自己看走了眼，问题是如何处理儿媳离家造成的真空。老人家当然只会往传统方向去想：媳妇既然没有生育，又不愿意在家侍奉公婆，最好的对付方法，就是另外找一个人代替她做她不愿意做的事，于是胡家两老决定为胡冠英立妾，以防“无后为大”。

老一代决定要行老规矩，我们可以理解，但年轻一代是否必定要遵从呢？造成曹珮声婚姻破裂的直接原因，是胡冠英接受了父母的安排，接受立妾。对曹珮声来说，这不只是个人感情受到伤害，同时也揭开了胡冠英的内心文化取向。在这个新文化和旧传统作出极端强烈斗争的年代，投身新文化圈子的年轻人最看不起的，大概就是让旧传统渗透到骨子里去的同辈人。胡冠英接受父母安排立妾，等于自绝于新文化圈子，所以曹珮声觉得无法和他共处，不但是感情问题，同时也是原则问题。

有人推测曹珮声执意离婚，是因为胡适的介入。这种看法不但把她看扁了，在时间上也不符合——据她的好友回忆，曹珮声离婚是在 1922 年（另一说是 1923 年春），亦即与胡适恋爱以前半年。因为离婚，夫家到处诋毁她声誉，以流言中伤，胡适在西湖的作品里也间接提到。

其实当时的情况很明显：以她强硬的性格，会容忍一夫二妻的安排吗？曹珮声身在杭州求学，对于处理难以容忍的婚姻状况很有帮助，最简单的做法就是不回夫家。基本上这就是五四男青年宣扬的“逃婚”，不过由女性主动就不那么普遍了。正因如此，她的夫家说了不少她的坏话，但对她来说，重要的是终于能解除婚姻关系了。

离开夫家到杭州念书，可以说是曹珮声蜕变为新女性的最重要一步。除了婚姻关系的改变之外，我们记得曹珮声从小被迫缠足，她是什么时候放开小脚的呢？在结婚之前的可能性不高，因为如果她这样做，母亲和婆家都不会放过她，她胆子再大，也很难以弱龄走出这一步。她放脚大概是婚后的事，而她婚后首次得到自由，就是外出在杭州念书的时候。处身新学堂，当然是放小脚最理想的地方。

西子湖畔的恋曲

虽然胡适称曹珮声为表妹，实际上他们是姻亲，珮声是胡适嫂嫂的表妹，两人第一次见面，应该是在胡适和江冬秀的婚礼期间。他取笑自己是个“念（二十）七岁老新郎”，而胡家选中的女傧相之一是曹珮声，当时她只有十五岁。

曹珮声和胡适从小表妹和老表哥发展为恋人，是在1923年。在这以前，杭州女师的安徽籍学生决定出版《安徽旅杭学会报》，曹珮声写信请自己敬重的表哥兼新文学运动第一把手胡适为她们写发刊词，胡适爽快地答应了。1923年4月，胡适在上海开会，休会期间到杭州游玩；曹珮声接到消息，自然不会错过登门造访的机会。

自胡适的婚礼后，五六年过去了，两人的处境和从前大不相同，胡适已是三名子女的父亲，而曹珮声虽然只有二十一岁，却已是经历婚变的妇人了。两人的恋情是如何开始的呢？谁也说不准。曹珮声天性豁达，没有什么男女之防的想法，而胡适是个感情丰富的人，连他自己也承认“容易沉溺”。两人在西湖畔日夕相处了五天，临别时，胡适写了一首诗歌颂西湖，最后几句语带双关：

前天，伊却未免太绚烂了！
我们只好在船篷阴处偷觑着，
不敢正眼看伊了。

这几句诗，可以说是两人恋爱的预告。两三个月后，胡适在北大申请休假，到西湖养病，住在南山烟霞洞清修寺的斋舍里，这时正好是暑假，曹珮声不用上学。我们可以肯定，这几个月里和他在一起的，除了他的表侄胡思聪外，就是他的表妹珮声：她和胡适共享一个套间。看胡适的日记，这段时间两人几乎形影不离。

从中国传统家族的角度看，胡适到西湖养病，曹珮声前去照顾表哥和表侄的起居，似乎理所当然，连远在北京的胡太太江冬秀也在给胡适的信中说，有珮声照料他们，自己就放心了。

大概在江冬秀心目中，珮声还是当年做女傧相那个小女孩，况且又是自家人，怎会和男女之情扯上关系呢？但两个易于感动的人，在烟霞美景之中朝夕相对，很快就深陷情网，无法自拔了。看胡适现存的日记，当时两人日间联袂游山赏湖，诗歌酬唱，黑夜里观天数星星，月下对弈，浪漫之情，可以说是闻者尽皆向往。1924 年胡适写过一首诗回想这段日子，简单直接地说明他的感受：

多谢你能来，

慰我山中寂寞，

伴我看山看月，

过神仙生活。

曹珮声和胡适在一起，显然并不避嫌，在人前也流露出热恋的神态，以致到访的众多朋友轻易就看出二人关系非比寻常。徐志摩就曾以此直接取笑胡适，而且还鼓励他和江冬秀离婚。这样的关系怎么能保密呢？徐志摩是个大嘴巴，会在友朋中当作美谈，广为流传，而一直同住的表侄胡思聪，是否也曾向家人提及此事呢？

反正曹、胡在杭州之恋终于传到身在北京的江冬秀耳中，让她惊怒不已。江冬秀是个急性子，藏不住话，马上扬言要南下杭州，讨个公道。为了避免冲突，胡适只好决定离开杭州，曹珮声则重返校园。当时两人应该有了默契，胡适回家后会设法办理离婚。

他们大概没考虑过江冬秀和胡适两人的性情：前者听到离婚两个字，竟然拿出菜刀说要杀掉儿子，后者只有投降。结果胡适离婚不成，但曹珮声和他并没有马上断绝关系。接下来两三年，每逢胡适南下，不论是到杭州或上海，两人都必定相聚，分隔两地时也书信不绝，为了掩人耳目，有好些信都不署名。据说苦恋期间，她曾怀过孩子，结果只好堕胎。

这段时间里，曹珮声从杭州女子师范毕业了，得到胡适一点助力，以特别生资格进入南京的国立东南大学，选修了农科。其实曹珮声自小受私塾教育，古文根底极好，在诗词方面的造诣很高（虽然她留下来的作品极少，但可以看出，水平比胡适高多了）。尽管如此，她进大学却选了相当冷门的农科，这个决定也和胡适有直接关系。胡适当年曾经立志学农，结果中途易辙，曹珮声选修农科事实上是要为胡适完成当年的心愿。

苦恋三年，两人无望的恋情终于被搁置，而提出分手的似乎是胡适。1926 年秋天，他曾经填词一首，回答曹珮声寄来的诗，词中有以下几句：

殷勤说与寄诗人，及早相忘好，莫教迷离残梦，误了君年少。

胡适劝慰曹珮声，却安慰不了自己，回首前尘往事，难以释怀，不管是新文化的诗还是旧文化的词，都有他黯然写下的凄凉句子：

依旧是月圆时，

依旧是空山，静夜；

我独自月下归来，——

这凄凉如何能解！

翠微山上的一阵松涛

惊破了空山的寂静。

山风吹乱了窗纸上的松痕，

吹不散我心头的人影。

——《秘魔崖月夜》

山下绿丛中，瞥见飞檐一角，惊起当年旧梦，泪向心头落。

隔山遥唱旧时歌，声苦没人懂。我不是高歌，只是重温旧梦。

——《旧梦》

惟剩痴情在

虽然没有结合的希望，但曹珮声对这段感情比胡适更放不开，倾诉无门，只好把一腔幽怨化为诗词，写成一本小册子，自己常常翻阅，聊以解怀。但她毕竟走上了新女性的道路，人生有了学问和事业这些新元素。1934 年，她得到哥哥资助，到美国留学，念的是棉花育种遗传。可是曹珮声对刻骨铭心的恋情依旧藕断丝连，即使身在异乡，仍然甘心活在胡适的身影下：她选的大学就是胡适的母校康奈尔，胡适写信给好友韦莲司，拜托她照顾。珮声留学期间，胡适曾经访美，但理性地避而不见，曹珮声事后知道了，大病一场。

曹珮声拿到硕士学位回国的时候，中国已经濒临战火边缘。她首先在安徽大学农学院任教，抗日战争爆发，她和很多知识分子一样，退往大后方，辗转到了四川，在四川大学农学院当教授。这时胡适因为国难当头，不得已受国民政府委托出任驻美大使，为抗战奔驰，曹珮声和他要互通消息就相当困难了。

曹珮声在四川大学任教的时候还是盛年，而她生活和工作的圈子也不乏受过高等教育、认同新文化的男子，经过朋友介绍，她认识了一位姓曾的大学教师，据说已到谈婚论嫁的阶段，没想到却因为胡家而有变。

当时胡适在美为国效命，胡太太江冬秀避居上海，不巧那位曾先生有亲戚在上海遇到她，听说胡家是曹珮声的表亲，就向江冬秀问起珮声的背景。虽然胡适和曹珮声的恋情有花无果，但江冬秀却始终无法解开心中死结，忍不住把陈年旧事一一道来。

据说曾先生的亲戚听了之后，马上写信到四川详加转述，曾先生闻之色变，决定悔婚。到底是“新人物”曾先生心中还存了“女子婚前必须纯洁”的思想，还是胡太太江冬秀把珮声说得太过不堪呢?

五四时代的男性和女性一样，新思维底下免不了还存在旧心态，恐怕曾先生虽然也是留学生，却还是过不了“面子”这一关。反正这件事显示曾先生对曹珮声的感情受不了大冲击，婚事就此告吹。

曹珮声怎么也预料不到，当年的苦恋会再一次为她带来这样大的挫折，一时想不开，竟然自杀。虽然自杀不成功，她却始终抱着厌世的心情，终于跑到峨嵋山万年寺出家为尼。即使如此，她始终情心未了，放不开一生中最轰轰烈烈的恋爱，就在这个时候也还填词一首，寄给远在美国的胡适：

孤啼孤啼，倩君西去，为我殷勤传意，道她末路病呻吟，没半点生存活计。

忘名忘利，弃家弃职，来到峨嵋佛地，慈悲菩萨有心留，却又被恩情牵系。

身在空门，痴情不减，可见曹珮声的性格并不适合出家，因此当她的哥哥亲访峨嵋山，劝她还俗时，她终于同意了。1943 年，她大学时的女同学要到美国去，曹珮声托她带了一首《虞美人》给胡适。这时两人已三年不通音讯了，但杭州那几个月的神仙日子却时刻缠绕心头：

鱼沈雁断经时久，未悉平安否？万千心事寄无门，此去若能相遇说他听。

朱颜青鬓都消改，惟剩痴情在。念年辛苦月华知，一似霞栖楼外数星时。

抗战后期，曹珮声和胡适完全断了消息。她离开峨嵋山，重返红尘之后，除了兄长的亲情，可以依赖的就只有几个大学时期知心女同学的友情了。日本战败投降后，曹珮声离开四川，到上海复旦大学任教。她这时已经心如止水，除了缅怀和胡适一段苦恋之外，再也不涉及男女之情。

曹珮声和胡适两人最后一次见面，在 1948 年，当时胡适因事到上海，托人约曹珮声一见。接下来的政治剧变，成了把他们两人分隔的激流。父子、夫妻离散尚算寻常事，何况是旧恋人呢？

鱼沉雁断不相忘

1949年国民党败走台湾，胡适选择流寓美国，而曹珮声则留在上海。1950年，政府开始大规模重整国内所有大学的编制，曹珮声被调派到遥远的沈阳农学院任教。她在那儿无亲无故，除了寄情工作，实在没有别的出路。20世纪50年代起，政治运动一浪接一浪，曹珮声既有留学美国的背景，又与胡适渊源深厚，即使身在边远的沈阳，还是不能避免受到种种冲击。1958年，这位中国历史上首名女性农科教授只有五十六岁，就从沈阳农学院退休了。当时“反右运动”余波未了，她退休倒是可以躲开一些风浪。

但即使避得过直接的冲击，却避不开横扫全国的旋风：“三年困难时期”带来饥荒，接下来的“文化大革命”，更是所有知识分子的一大关口。曹珮声在沈阳住不下去了，首先是迁居到朋友在杭州的家中，但接下来连杭州这个让她终身缅怀的地方，也成了“文化大革命”的武斗场所，她终于决定回到安徽的家乡旺川。

旺川和胡适的故乡上庄相邻，曹珮声不能在她最恋恋不舍的杭州终老，回到自己的家乡，如果说还有一丝安慰，就是这里和胡适的祖家非常靠近。但因为这样，胡适老家在“文化大革命”时亦遭受劫难，她自然知道得很清楚。但活在那样的年代，自己也还背着“留美专家”的包袱，哥哥又久病缠身，她除了暗中感叹，别的实在无能为力。

曹珮声晚年非常节约，省下的钱除了帮助当年的女同学供子女读书外，就是捐给旺川和上庄两地，可见在她心目中，胡适的家乡就是她的家乡。

胡适 1958 年应邀，只身到台湾出掌新成立的“中研院”；1962 年胡适在台北病逝，死前一个多月还重新手书三十多年前怀念珮声的诗句。曹珮声 1973 年病逝，死后就葬在她自己家乡旺川通向胡适家乡上庄的必经之路上。

热恋三个多月，苦恋三年，天南地北、风雨飘摇半辈子，他们各有自己的事业和生活，却始终未忘情于对方。这样的恋情，应该配得上“刻骨铭心”四个字吧。

曹珮声曾经把她与胡适的恋情和她后来思念胡适的诗词写下来，老病时连同她当年的日记和有关书信，托付给青梅竹马的朋友，嘱咐说她死后要把这些记录全部毁掉。

这很有一点黛玉焚诗的味道，也可见曹珮声性格孤绝的一面。她的友人汪静之在她去世之后，按照她的意愿把遗物付诸一炬。

登极峰而众山小

用今日的眼光来看曹珮声对当年痴恋的执着，我们可能会觉得她很傻，甚至会说她自寻苦恼。

假如我们从传统才子佳人故事的角度来看曹珮声，也许又会认为她只是继承了古代痴情女子的一贯作风，并没有充分体现五四新女性竭力追求的独立个性和人生抱负。

事实是否这样呢？要理解像曹珮声那种执着的表现，我们得明白“自由恋爱”对于经历新文化运动那一代人有什么象征意义。

我们在今时今日谈恋爱，讲的只是个人的两情相悦；但在新文化运动时期，恋爱是中华文化革命的指标，是每个年轻人文化身份的重要部分，因此他们投入的不光是感情，更是整个人的文化认同和人格取向。自由恋爱对一个五四女青年来说，是人格表现的一部分，曹珮声天生执着，当然也加强了她在感情方面的那份痴。但更不能忽视的是，她恋爱的对象不是一般新青年，而是发动新文学运动的巨匠。当恋爱对象蕴含着那么大的文化意义时，当事人对恋情的反应不免要比一般情况更深更广，慧剑也更难挥下，因为要斩断的不光是情丝，也是一个通往新世界的美梦。

曹珮声和传统的痴情女子不同：新文化运动让她摆脱封建婚姻，接受现代教育，更成为少数可以出洋留学的女子。她的确建立了自己的事业，也有自己的生活，但这种种成功都不能让她摆脱感情上的困境。这正是新、旧文化争持的一种象征：事业有成，是五四新女性足以自豪的地方，但她们在感情方面却常常彷徨失落，因为在这个规范剧变的年代，她们和她们爱恋的对象往往把持不住生命的方向盘，眼光虽然投向新世界，但脚下却被旧传统营造的现实绊住了。

曹珮声和胡适的恋爱，就像漆黑的夜空中忽然爆发出耀目的烟火，转瞬即逝，但它发放时那么强烈，光彩那么耀人，和黑夜的对比又那么尖锐，任谁也不可能忘记它。我们可以静坐七八小时，面对漆黑的夜，而烟火闪耀的时间就只有两三秒——我们会记得那漫长漆黑的几小时，还是那光辉灿烂的几秒钟呢？

对曹珮声来说，她一生最光彩的时刻，正是“霞栖楼外数星时”。

附录 曹珮声怀念当年热恋的作品四首

满庭芳（1930）

湖畔闲行，湖堤携手，湖中划艇先争。歌声相应，惊起鹭鸥鸣。饮罢枕岩卧，分餐后，慵倚危亭。联诗句，称雄抢韵，个个要先赢。

韶华飞似电，良辰美景，过眼流萤。念当年欢笑，踪迹难凭。落得销魂回忆，无人处，独自思寻。朱颜改，衣宽带剩，谁解此凄凉情？

少年游（1930）

钱塘门外草萋萋，兢走过湖堤，孤山顶上，初阳台下，同坐听莺啼。

当年春去无踪迹，空问取黄鹂。屈指同游，飘零星散，回首不胜悲。

女冠子（1943）

三天两夜，梦里曾经相见。似当年，风趣毫无损，心情亦旧然。

不知离别久，甘苦不相连。犹向天边月，唤娟娟。

（“娟”是曹珮声的小名，屡见于胡适日记，她在诗词中提到明月，每用上“娟娟”二字，语带双关。）

临江仙（1943）

阔别重洋天样远，音书断绝三年。梦魂无赖苦缠绵。芳踪何处是？羞探问人前。

身体近来康健否？起居谁解相怜？归期何事久迟延。也知人已老，无复昔娟娟。

第六章

沙士顿·张幼仪

悄悄的，她走了，正如她悄悄的来，手中挽着的皮箱盛满了彷徨无助，腹中怀了孩子。她身处异国，唯一有责任和义务照顾她的人却决定不顾而去，最后还把抛妻弃子变成一个机会，公开发表离婚书，高调地踏上创五四婚姻纪录的舞台。

她能怎么办呢？只有走一步算一步，踏上未可知的前途。

一个世纪前，英国东南部一座平淡如白开水的村子见证了一件不平凡的事。村子名叫沙士顿（Sawston），事件的主角是两个年轻的中国人。男的在美、英游学已有两年多，女的在几个星期前才离开中国一个保守的小镇；男的在剑桥大学当旁听生，女的只学过几个星期的基础日用英语；男的一心想做新时代先锋，一鸣惊人，女的只希望能适应异国生活，有机会学一点新知识；男的已经恋上一个出身维新家庭、当时在英国念书的女孩，女的到达伦敦不久，就隐约感觉到丈夫另有意中人，但还是盼望这个一直把自己视为“土包子”的男人可以和自己多一点沟通。

这对男女的名字：徐志摩、张幼仪。

我们看到20世纪后半叶有关张幼仪的资料，视野往往被以下三种因素左右：第一，徐志摩作为浪漫诗人的名气；第二，她本人在所谓“中国第一宗现代离婚事件”中被徐志摩安排扮演的角色；第三，她后来在上海是个成功的事业女性。因为这些因素，在张幼仪有生之年，中文材料都爱把她塑造为五四时期的典型新女性。

假如你看过徐志摩公开发表的半纸离婚书，又或是20世纪出版的种种徐志摩传记，你也许相信张幼仪在中国第一宗摩登离婚事件中和她的丈夫地位平等。浪漫豪情的背后往往是大家不愿意直面的事实，更何况徐、张两人的离婚事件一直以男方的公开发言作为后世论述的基础。

20世纪80年代，张幼仪生于美国的侄孙女张邦梅（Natasha Chang）在大学念中文，因为在书中看到姑婆的名字和徐志摩连在一起，向她问起往事。沉默了大半个世纪的张幼仪终于在垂暮之年说出自己的经历，把离婚故事不浪漫的一面公之于世，而沙士顿正为这件事提供了不浪漫的背景。

更重要的是，张邦梅把张幼仪的口述历史编写成 *Bound Feet and Western Dress*（中译《小脚与西服》）一书，为我们提供了一支探射灯，从张幼仪的经验看到了旧女性想过渡为新女性，必须具备怎么样的条件。

徐志摩传记中的张幼仪

中国文化人多半心存厚道，隐恶扬善，这本来是优点，但写传记时抱着这样的态度，可能有“为名人树碑”之嫌。过去几十年，徐志摩传记出版了起码十多种，在这一节我们不妨看看其中几种如何处理张、徐二人的婚姻和沙士顿事件。

按成书的时间，我们先看刘心皇的《徐志摩与陆小曼》（台北，1965）书中有关徐志摩婚姻的描写：

> 志摩当时是比较克制的。因为他清楚小曼是罗敷有夫，他自己是使君有妇。他的结发妻子张幼仪，宝山书香门第，和陆小曼相比，可算一个绝然相反的典型。人生得明爽利落，为人精明能干。在家庭是贤内助，相夫教子，孝敬老人，在事业上，她自己也曾参与举创中国女子银行，蜚声沪上。徐志摩与张幼仪 1915 年结婚，生有二子，长子叫欢

儿，次子取名德生，人们常唤他小彼得。对徐志摩来说，一边是妻儿老小，一边是情意绵绵的小曼，为不掉进更深的爱情的深渊而不能不拔，志摩立即想到悬崖勒马，以冷却爱情的火焰。

这段叙事用了两个奇特的招数，可以称为“移形换影”与“穿越时空”。首先，即使在20世纪60年代，大家都已知道徐志摩离婚的导火线是林徽音；当事人林徽音在纪念徐志摩的文章中就间接提到，作者却在这里大笔一挥，让林徽音失踪，换上陆小曼，似乎是要苦心营造徐、陆二人天生一对的形象，此之谓“移形换影”。

其次，虽然张幼仪曾因为事业有成而蜚声沪上，但那是她与徐志摩离婚多年之后的事；徐志摩弃她如敝屣，原因就是他认为妻子是个“土包子”，比不上自己身边的新女性。(徐志摩拜在梁启超门下，靠的是张家二哥的引荐。他一方面尊重张幼仪的哥哥和兄弟，另一方面又贱视她为土包子，到底是何心态，大概只有他才明白。) 作者利用时光隧道，把多年后的事情扯到张、徐离婚以前；更有趣的是，作者还把二人的儿子拿来做文章。事实上他们的幼子出生在德国，徐志摩只看过他一次。

即使检视最简单的时间次序，徐志摩1921年抛妻，张幼仪1922年正式签离婚书，当时张、徐二人都在欧洲，这“妻儿”又怎会和1923年夏天才跟徐志摩在北京认识的陆小曼放在同一个天平上呢？

作者是否故意混淆事实，我们不得而知，但说徐志摩“克制”和“悬崖勒马”，不但和事实不符，也跟他的个性南辕北辙。

到了20世纪70年代，传记作者还是热衷于营造张、徐二人的幸福婚姻。且看章君谷的《徐志摩传》（香港，1971）：

> 婚后，张幼仪觉得她总算还是蛮幸福的。渐渐的她便发现新婚夫婿很喜欢她，而且徐志摩是天生的多情种子，又复风度翩翩，当他有所悦，有所喜，有所爱，有所宠，他自然而然的会千般温存，万分体贴。

现在我们再对比张幼仪口述的亲身经历：

> 徐志摩放假回家时［当时徐志摩在北大念书，徐家在浙江硖石］，除了最基本的婚姻责任外，对我从不理睬；而行夫妻之礼，也不过是要满足他父母想抱孙的愿望……他从不跟我说话，而我当时实在太年轻，不懂得该如何反应……徐志摩从不看我一眼，好像我这个人是透明的，并不存在。我一辈子和受高深教育的男子活在同一屋檐下［按：张家书香世代，而且很早接触西学，张幼仪的兄长和弟弟都是留学生］，但他们从没有这样对待我，只有我丈夫是这样。（*Bound Feet and Western Dress*）

到底作者有没有想过，如果真的想为徐志摩开脱抛妻之举，最好的办法就是说明他一开始就对父母安排的婚姻不满，对父母为他娶来的妻子始终没有动过感情呢？愈是把他描写为一个多情夫婿，就只会愈加深他后来抛妻的罪责。除非作者认为男人朝秦暮楚是理所当然的事，否则岂非愈描愈黑？

说到把个人浪漫幻想发挥到最彻底的，还得推孙琴安于20世纪90年代出版的《徐志摩传》(西安，1995)。且看下面这一段描写：

> 一天黄昏，外面的风刮得相当厉害，正当他独自吃罢晚饭，点上煤气灯准备看书的时候，忽然听到有人敲门。他开门一看，只见一个年轻女人站在门口，头戴一顶翻毛女式帽子，身穿一件深咖啡的全毛呢长大衣，脖间围着一条桔黄色的围巾。脸上还戴着一只雪白的大口罩。
>
> “呵，幼仪！”尽管这女人露出的只是一双大眼睛，但他凭着他对自己妻子一种特殊的熟悉和嗅觉，还是马上认出来了。
>
> 幼仪笑了，解下了大口罩，露出了面容。
>
> “就你一个人吗？”他把她迎进屋里，兴致勃勃地问。
>
> “不，”她一边脱大衣，一边说，“我是随刘子锴先生一起来的。他现在在伦敦，叫我明天来找你，我憋不住，就独个儿来了，行李都在他那儿。”

“好极了！”他一边接过大衣，一边帮她张罗晚饭。虽然这时他正爱慕林徽音，但毕竟渺茫得很。自他1918年夏离家出国以来，夫妻到底已有两年多未曾见面了，何况这次见面，又是在远隔重洋、异国他乡的剑桥呢？这当然使他惊喜万分。至于张幼仪，那更不必说了。夫妻两人当场就热烈拥抱起来。

幸运地，通过张邦梅的努力，我们现在终于知道张幼仪远渡重洋，和丈夫重聚的一刹那有什么感受：

三个星期后，轮船终于驶入马赛港的码头［按：她坐的客船从上海开往马赛］……接着我看见徐志摩在人群中，就在那一刹那，我的心仿佛掉进了冰窖。……我从前没见过他穿西服，但一眼就认出他了……在接船的人群中，他是唯一看来根本不愿意在那儿的人。我们分开了那么久，我已经差不多忘了他看我的眼光：直直地望到我身后，就像我并不存在一样。

现在写流行传记似乎都爱加插戏剧式的对话，认为更传神、更吸引读者，但这种对话当然出自作者的想象，跟写剧本差不多。对比上面两段引文，我们可以清楚看到两者完全没有任何共通点，除了男女主人公的姓名相同之外，不论时间、地点、人物的行为和他们的内心感受，都没有丝毫相似的地方。如果传记作者不必顾及事实，那么他想象出来的场景又以什么为基础呢？最简单的做法是发挥作者本人和其同代文化的浪漫构思。20 世纪末的中国卷起了崇尚摩登和西化的大潮，男女搂搂抱抱的场面又在电视和电影中经常出现；至于出洋和出国，更是人人羡慕的事。按照当时的浪漫构想，一对年轻摩登夫妇在西方世界久别重逢，场面即使不像西方电影那么炽热，起码也要达到最新国产电视的程度。要制造这样的场面，就需要一个漂亮、热情、洋化、旅游经验十足的女主角（也就是 20 世纪末内地“新女性”的典型），要不然又怎能挑起读者的兴趣和共鸣呢？

可惜的是，作者的浪漫构想以她同时同地的潮流为依归，跟写传记的要求相去甚远。举个例子说，她想象中 20 世纪 20 年代人们在英国的冬天衣着是翻毛帽子、长大衣、围巾、大口罩。

不管是20世纪初还是20世纪末，在英国街头总不会看见有人用口罩蒙面到处走；这种装扮在北京倒是常见，因为北京冬天除了风大雪大之外，风沙也大，蒙面上街是实际需要。说到底，忽视历史认知，就无法跨越个人经验，无法体会另一个时代、另一个空间的真实世界。

相对上述不着边际的幻想，梁锡华写《徐志摩新传》（台北，1979）态度沉实中肯；但关于徐志摩抛妻一段，却有如下的叙述：

关于徐志摩离婚的事，已有不少人写过文章，在此只需稍及一二便可。

志摩的原配妻子张幼仪在民国十年初到伦敦时，志摩已爱上了林徽音，且在情网中不能自拔。张幼仪在环境的压力下离开丈夫往德国求学，志摩乃获得“解放”之乐。他在民十一年三月前致函妻子张幼仪有这样的话：

“彼此有改良社会之心，彼此有造福人类之心，其先自作榜样，勇决智断，彼此尊重人格，自由离婚，止绝苦痛，始兆幸福，皆在此矣……”

志摩给妻子的信带给他所盼望的效果，张幼仪最后同意离婚。

“只需稍及一二”，明显是为了隐恶，因此用上隐晦的语言，说张幼仪“在环境的压力下离开丈夫”，但“压力”到底来自何方，却闭口不谈。事实是徐志摩把张幼仪抛在沙士顿，撒手不管。我们不怀疑男的由此得到“‘解放’之乐”，但严肃的传记作者大概知道梁启超对这种行为的评价：这份快乐建筑在别人的痛苦之上。梁氏略过不提，又是隐恶之举。

至于梁氏引用徐志摩致张幼仪的书信（也就是徐志摩公开发表的离婚书），作为二人离婚的真相，倒无可厚非，因为在 1979 年梁氏成书的时候，这是唯一通行的角度，引用此信的亦不限于梁氏一人。假如没有张幼仪的口述历史，这个假象大概到现在也无法打破。

张幼仪回忆中的离婚经历，与想象中的“离婚通信”完全是两回事。张幼仪被徐志摩抛弃之后，辗转到了德国，与兄弟同住，在柏林产下幼子。她刚分娩，徐志摩便派朋友吴经熊把“离婚通牒”送到她和弟弟的住处，当时她人还在医院。这就是徐志摩“致妻子函”的背景。张幼仪坚持要与徐面谈此事，吴经熊支支吾吾，她便干脆指明会面的时间地点，要吴通知徐志摩。第二天她单身赴会，而徐志摩却招来四个朋友在场助阵，当着众人演说，说离婚是为了“彼此重见生命之曙光，不世之荣业”。张邦梅在书中对这个奇特的场景有清楚的描述。(*Bound Feet and Western Dress*)

假如我们要找出张、徐二人关系最明显的转折点，正好就是这个场景——张幼仪从被动变为主动，不但平视徐志摩，同时也看透了他侃侃高谈背后的真相。即使我们撇开徐志摩的离婚动机，光看两个当事人的表现，一个躲在口号与朋友背后，另一个在厄难面前挺起胸膛，谁具备道德勇气，不言而喻。

沙士顿以前的张幼仪

张幼仪勇气可嘉，但她不是大家想象中的新女性；她的勇气建基于传统价值观——志气和骨气。她对侄孙女张邦梅追述往事时，开宗明义说：

> 在中国，女人不算什么：在家从父，出嫁从夫，夫死从子。

张幼仪的父母育有八男四女。尽管后世爱强调张家环境富裕，张幼仪的兄长和弟弟都受高等教育，留学外国，但她作为女孩却只能在家中受基本教育，父亲没有想过让女儿入学读书。其中部分原因是家族中两房人不和，她父亲迁离祖屋，靠行医养活家中十余口，经济情况大不如前；但另一个原因肯定是中国重男轻女的传统。

张幼仪最终能到学校读了三年书，完全靠她自己的努力：十二岁那年，她在报上看到苏州预备师范学校的招生广告，每学期五元的学费除了包住、包吃，还包往返的火车票，于是劝父母让她报名，说付出些微学费，比把她留在家中的生活费还相宜。她母亲不肯让她单身在外，她又劝服了不热衷读书的姐姐结伴报名。从这件事，我们认识到这个小女孩不但求知欲强，而且聪明（懂得父母反对她进学校的顾虑何在），又有说服力（因此能劝得动姐姐答应同行），充分展现了她天生的能干。

即使如此，她终于还是被逼停学，十五岁嫁入徐家。丈夫是她哥哥相中的。和她相反，徐志摩结婚后入读北京大学——结婚对年轻男性不是求学的障碍。

徐志摩一开始就把她视作“土包子”，对她不理不睬，视妻子为满足父母抱孙心切的工具。张幼仪十八岁生子，徐家有了第三代，徐志摩的父母才安心放他留学美国。徐家是富户，绝对有能力把儿、媳两人同时送出国，但他们守的是旧规矩，媳妇留在老家侍候公婆是常理。

1920 年底，徐志摩放弃在美国的经济学课程，转到英国，徐家父母感到儿子的行为有点不对头，又经过张幼仪的哥哥提醒，才决定把她送到英国与丈夫团聚。张幼仪在徐家几年的表现，显然让二老很放心，把媳妇送到英国，是希望可以管住儿子。

徐志摩厌恶妻子，却还不敢让父母知道。张幼仪到达欧洲后，他头一件事就是让她换上洋装，到影楼拍了合照寄回中国，安抚父母的心。同时，他也没有因为心中另有所属而停止与妻子的性关系。

沙士顿的日子

1921 年初，张幼仪跟随丈夫从伦敦迁居沙士顿，为的是他在剑桥做旁听生，在这个小村子找到一家租金便宜的小房子，后来还把一间卧房分租给郭虞裳。

剑桥的冬天吹着从北海过来的风，冷得刺骨，英国乡居最吸引人的园艺和绿意，在冬日丝毫看不出来。沙士顿是平凡的小村子，四面农田围绕，房舍不多，村路是压平了的泥路，他们租来的房子并不宽大，格局是英国这类老房子常见的“上二下二”（two-up-two-down）——楼下是起居室和厨房，楼上是两间卧房，楼梯很窄，天花板低矮，后院一片荒凉。张幼仪对这个地方的第一印象不可能好到哪里去。

在今日的英国，这样的小农舍是优皮[1]一代的宠儿，以巨款购来，花大钱内内外外重新修葺，小花园的草木布置精益求精，打扮成明信片上的童话屋，这种 20 世纪末的景象很

1 优皮（young professional），指经济富裕，讲究消费和品味的城市年轻人。

容易让人产生错觉，以为当年张幼仪在沙士顿过的，正是这种绿草如茵、玫瑰攀在窗缘的日子。这和事实相差太远了。

冬天的沙士顿，放眼四望是一片平坦的灰黑色，下午三点半太阳下山，灰暗的房子伴着花园里的秃枝残叶。是这样的一幅画面，在一个世纪前迎接只有二十一岁的张幼仪。

这样的画面不正好是她内心的写照吗？言语不通，经济拮据，丈夫看不起她，而她早在伦敦就猜到丈夫有婚外恋，但此时的她还不了解新文化运动所谓婚姻自由的观念，因此以为丈夫是要纳妾。

难道她就不想受新教育吗？她本以为到了英国会有读书求学的机会，但请来教她简单英语的家庭老师上了几课，就抱怨沙士顿脚程太远，不肯再来，因此除了英文字母外，张幼仪只会讲最基本的客套话，像Good morning之类。接下来的日子，她整天关在屋里洗衣烧饭，这样郁结的心情，不是正和外在环境互相呼应吗？

张幼仪向侄孙女张邦梅回忆这段日子时，再三提出疑问，问自己当年为什么不主动一点，不独自出外走走。其实以她当时的心情，加上当时的客观环境，她的表现可说是很正常的。

假如英国的冬天让人消沉郁闷，那么英国的春和夏是最能让人感受到生机和希望的季节。沙士顿虽然平平无奇，但春来了，花园、路旁，甚至田边都有洁白、嫩黄和粉紫的小花，一夜之间从土里探出头来；接着空气再和暖点，洋水仙就纷纷挺拔地站起来，展示娇黄嫩白的脸庞了。在这个充满生命力的季节，张幼仪发觉自己体内正孕育另一条生命——她怀了徐志摩的第二个孩子。

夏天，张幼仪感觉到身体内的变化。当她终于鼓起勇气，把消息告诉看不起她的丈夫时，得到这么一句话：把孩子打掉。

英国乡间的夏天繁花似锦，是一年中最美好的时候，但以张幼仪当时的心情，对身边草木的荣枯又能有多少关注呢？

英国的秋天是迷人的，正如济慈所说，那是“烟雾蒙蒙、果实丰盈的季节”。但 1921 年的初秋对张幼仪却唤起了另一番联想：“秋扇见捐。”当年 9 月初，徐志摩忽然提出要与她离婚，一个星期后更不辞而别，把她抛在沙士顿，当时她怀孕三个多月。

在他们那儿分租卧房的郭虞裳似乎也不知道徐志摩到底怎么回事。几天后，他感到事情不对头，收拾好行李，对张幼仪说一句要走了，就此离开。

张幼仪的蜕变

20世纪20年代的中国鼓吹恋爱自由、婚姻自由，但绝大多数的青年及成年男子都已在父母安排下结婚生子，这成了他们实行与新女性自由恋爱的最大障碍，因此当时有不少人提出种种解决办法，其中一种很流行的做法名为“逃婚”，亦即从已经建立的婚姻现况中逃出来，与妻子、儿女划清界线，走上自己的阳关道，追求可以做恋爱对象的新女性。

从这个大背景来看，徐志摩在沙士顿不告而别，一走了之，算不上创出什么新潮流。他的手法正是当时中国的热门话题——“逃婚”。按当时报章杂志的报道，逃婚的人数愈来愈多，被弃的妻子走投无路，不少以自杀了断，其中以河南省自杀的弃妇人数最多。从人道立场来看，我们可以说徐志摩比当时的一般“逃婚者”更冷酷。在中国被“逃婚者”抛弃的妻儿大多数住在夫家，还算有个安全网，不至于马上变得无依无靠。张幼仪人在英国，言语不通，举目无亲，孤身被扔在沙士顿，又有谁对她施以援手呢？她的境况实在比同期的河南省自杀弃妇们更不堪。

大概谁也不会想到，这次劫难将成为张幼仪蜕变的起点。在她人生最紧急的关头，我们看到形成“新女性”的两项重要因素发挥作用了：第一，当事人年轻，张幼仪被抛弃时只有二十出头。第二，家中有属于新潮流的人物。张家虽然不愿意在女儿的教育方面花钱，却为儿子提供出洋的机会。当张幼仪只身受困于英国时，她的二哥张嘉森和弟弟都身在欧洲。

她在英国彷徨无路，终于写信向在巴黎的哥哥求助。接到回音后，她孤身带着行李走路到沙士顿火车站，手里拿着一张写着 PARIS 的字条，几番换车，到巴黎投靠哥哥。不久，她从巴黎被转送往乡间，由张嘉森的朋友照顾，接着她决定和七弟张景秋同往德国，最后在柏林临盆产子。

没有这个家族安全网的话，她的故事大概只有惨淡收场。

张幼仪成功蜕变的第三个因素是可靠的经济来源。1922 年 2 月，她生了次子德生（Peter）后，徐家父母一直支付她和孩子的生活费，在当时的德国，每月二百美元很可以过安稳的日子。按中国传统习惯，已婚女子是夫家的责任，但离婚女子却往往落入夫家和娘家之间的空隙。有了徐家的经济支持，张幼仪才能在德国念了三年多的书，儿子由保姆 Dora Berger 帮忙照顾。她重拾婚前读师范学校的理想，在柏林完成课程后，前往汉堡进修。对当时的中国女子来说，能在欧洲留学是万中无一的机会，但张幼仪能在短短几个月内掌握足够的德语攻读幼儿师范，可见其天生聪敏。

对张幼仪来说，德国的日子也带有很重的哀音：她的幼子病了近两年，在 1925 年夭折，只有三岁。此时徐志摩受父命要与陆小曼进入“冷静期”，再访欧洲；张幼仪经历丧子之痛，正需要离开伤心地，于是二人同游意大利。后来有人拿此事说明张、徐二人离婚后感情更好，看法未免浮于表面。在当时的欧洲，体面的年轻女性不可能单独旅行，张幼仪与徐志摩同行是有实际需要，他们的旅伴还有两位英国女士，大多数时间是三位女士在一起，徐志摩独自行动。至于徐志摩奉命出国，徐家二老除了希望借此打断他和陆小曼的关系外，也极可能是刻意让他与前妻会面。不过，假如他们盼望看到破镜重圆，结果就失望了。

旅行后，张幼仪回到德国，迁居汉堡，为的是继续学业。但失去幼子，让她更思念一直留在硖石徐家的长子。加上当时德国政治动荡，经济破产，通胀飞升，社会极为混乱，这样的客观环境相信也是促使她决定离开的原因。几个月后，她在八弟张禹九陪同下，启程回国。

居留德国的几年，对她回中国后的道路有决定性影响。在当时的中国，任何年轻女子曾在外国居住和念书，就会自动被视为“新女性”。她起初带着长子在北京居住，不久因为母亲重病，迁居上海以便照顾。就在这个推动新观念的城市，她的新女性地位开始扎根：虽然她在德国只念了三年书，但她到上海后，不久就受聘在东吴大学教德语。由此可见，在机遇甚少的地方，一点点机会就足以为人提供起飞的第一步。

张幼仪任职东吴大学不过一个学期，就摇身一变成为银行家，其枢纽也是家庭关系。她的四哥张嘉璈当时是中国银行的总经理，因此 1928 年上海女子银行面对经济危机，就决定邀请她出掌业务，为的是她有拯救银行的关系网。除了银行的工作外，她后来又成为时髦的云裳服装公司的经理（股东包括她的弟弟和徐志摩），一身数职，胜任愉快。

1921 年在沙士顿遭受丈夫抛弃的“土包子”，凭着坚强的性格和信念，回到中国后摇身一变，成为典型的新女性——留学欧洲，经济独立，有事业基础和社会地位，衣着高雅，而且还是个知名的离婚女子。

张幼仪的个案充分显示，传统女子要成为“新女性”，必须具备以下各种条件：年轻，有适当的家庭关系、充分的经济资源和良好的教育机会，否则她的蜕变绝不会如此成功，又如此迅速。

连徐志摩在内，有不少人引用张幼仪自己的话，说明她如何脱胎换骨：“在去德国之前，我什么都怕，在到德国之后，我无所畏惧。”这是否是全面的事实呢？我们回看她十二岁时为了念书自己找学校，再说服父母和姐姐，就知道她天生聪明能干，不是真的什么都怕。但无可讳言，德国的经历——包括面对幼子长年生病的哀痛——彰显了她天生的坚毅，也激发了她天赋的才能，是她在中国发展的基石。

不过，如果我们以为张幼仪的蜕变证明 20 世纪初受传统教育长大的人，可以完全摆脱旧思想和老模式，我们就错了。张幼仪本人回顾自己一生，引用的就是传统价值观。此外，在六年婚姻生活中徐志摩对她的态度也造成深重的心理打击，让她即使事业有成以后，对于自己少受新式教育这一点，还是感到自卑，无法释怀。

她的故事再一次告诉我们，所谓的“新”和“旧”不是绝对的。

中年到晚年

徐志摩死后，张幼仪继续在商界发展，经济上很丰裕；徐父去世后，她也代儿子管理徐家的遗产。到了儿子该成家的年龄，她按照当时惯常的做法，在麻将友人圈中为他物色对象——五四一代的自由恋爱之火虽然没有熄灭，但也不再那么轰轰烈烈了。

1947 年底张幼仪全家因事到北京，当时林徽音重病住院，刚动了割肾大手术，托友人找到张幼仪，说希望可以见一面。张、林两人的名字因为徐志摩而扯在一起大半辈子，但二人从未碰面，以林徽音当时的病情来说，这很可能是她的最后请求了。

张幼仪领着儿子和孙儿、孙女到医院看林徽音。据她回忆，当时林徽音的身体极弱，大家没有说话，但林徽音很仔细地看着她。

“她到底想看什么呢？也许是看我人长得丑又不会笑。”——这是张幼仪的话，话的背后藏着几十年的苦涩。

徐志摩当年为了这位新女性而抛弃她，不管她后来如何成功，心里的伤痕始终没有平复。

反过来说，张幼仪领着儿孙到医院，潜意识里又是否有点示威的味道呢？是否以此表态：我丈夫虽然为了你强迫我离婚，但我的婚姻在儿孙身上得到了延续？

至于林徽音为什么想见张幼仪，是否像张幼仪说的，是想见徐志摩的后人呢？按张幼仪本人回忆的细节，似乎不是，因为林徽音请求见的是她，不是她的儿孙，林徽音在病床上仔细看着的也是她。

要是把徐志摩的行为归罪于林徽音，简直等于古代说“昏君无罪，罪在女人祸水”，无稽得很。可是林徽音面对死亡而求见张幼仪，可见她对张幼仪被弃之事一直耿耿于怀，是否有“我虽不杀伯仁”的感受呢？可惜张幼仪带着全家来探病，假如林徽音有话想说，当着孩子们的面，也就不好说了。

国共内战末期，上海解放以前，张家的人纷纷离开，张幼仪也不例外。她定居香港，1953 年与邻居苏纪之医生结婚。当时她的儿子一家已经移居美国，她征求儿子的意见：“母拟出嫁，儿意云何？”既有夫死从子的意味，也有落落大方的气度，在旧传统和新规范之间达到平衡。

对她的第二次婚姻我们知道的不太多。苏医生也是离了婚的人，带着四名子女。他早年在日本留学，要在香港执业的话，得先通过当地的考试，难度很高。张幼仪回忆说，他在这上头下过苦功夫，后来在香港岛跟九龙都有诊所；据宋淇夫妇所知，他是当时的妇科名医。张幼仪简短的叙述说明两点：第一，她佩服丈夫择善而行的意志力；第二，她说两人在生活上有共同话题。相对于徐志摩，苏纪之该是个好丈夫。

1967 年，张幼仪与苏纪之重游欧洲，除了柏林、伦敦、剑桥等地外，两人特别到沙士顿一行。对她来说，这个地方除了见证她年轻时一段困苦的生活外，应该还有更深的意义。

1972 年，苏纪之在香港因肠癌病逝，张幼仪决定移居纽约，靠近自己的家人。她在 1989 年于公寓中去世。

她死前强调一生尽了应尽的责任，照顾徐家老少。从她的回忆中，我们看出她对徐志摩一方面还很生气，另一方面又还有情谊。但这种情不是五四浪漫诗人心目中的“爱”，反而更接近千百年来儒家传统中“以德报德，以直报怨”，与朋友交在乎诚信的守则。

平实的地方与平实的人

徐志摩像剑桥的一道魔咒，只要你是华人，来到剑桥就自然想起他；即使你不去想他，也一定有人要在你面前提起。至于沙士顿，大家都把它看作剑桥一个廉价的宿舍区，既不惹人遐思，也不会引起联想，因为那实在是一个没有特色，也不美丽的地方。

但往深一层想，如果没有像沙士顿这样的乡村和小镇，剑桥的人口和经济重量又何以承担呢？研究文学的人刻意或者下意识标榜浪漫和美，所以标榜徐志摩，也标榜剑桥，而平实的地方，和平实地过日子的人一样，很难引起他们的热情。沙士顿是个让人过平稳日子的地方，张幼仪的聪明和意志也都在实务上表现出来，所以两者都得不到浪漫文人的欢心。

那么张幼仪自己对沙士顿又有什么感觉呢？这是她一生活得最困苦彷徨的时期，短短几个月把她的生命完全改写了。人的一生总会出现关键时刻，而此时的抉择将影响以后所走的路。我们凭什么做出抉择呢？不外是性格、气质、教养、意志和原则。平实的张幼仪在平实的沙士顿迈出她蜕变的第一步，其实很相称。

毕竟不是每个人都爱把自己的私事扯到舞台上、照明灯下的。张幼仪在德国的几年每天写日记，但1927年徐志摩和陆小曼公开发表了日记，她就决定把自己的日记毁掉，以防误落别人手里，被拿去发表。

无稽的流言

20 世纪末，《万象》杂志（1999 年 7 月）重刊一个叫陈巨来的人所写的历史人物片段回忆（陈巨来：《陆小曼·徐志摩·翁瑞午》），其中不少关于徐志摩、张幼仪、陆小曼、翁瑞午、胡适、林徽音、梁思成等人的所谓逸事，包括说徐志摩之父犯媳，导致徐志摩要求离婚；也说胡适看上了陆小曼，因此故意煽动徐志摩再次追求林徽音，好让他有机会向陆小曼下手。

陈氏自称是陆小曼的好友，所写的“逸事”是陆小曼和他一起躺在鸦片烟榻上向他陈述云云。但细看陈氏的叙述，连基本的事发时间和地点都完全不符合事实。比如他说陆小曼先跟王赓离婚，然后才认识徐志摩；又说当时徐志摩和张幼仪刚在中国离了婚；又说徐志摩和胡适在美国是要好的同学；更说徐志摩与林徽音不但在美国是同学，而且“在美时早愿结为夫妇”。凡此种种，读者只需参照本书附录的“大事年表”，就可以看出全属无稽之谈。陈氏所写只属流言，他的目的似乎是要为陆小曼开脱。

至于说徐父犯媳，陈氏的凭据是张幼仪当了上海女子银行副理，所以肯定是拿了徐家的钱开银行；至于张家四哥在当时中国银行界的地位则只字不提。事实上，徐父因为投资失败，经济能力已不如前。陈氏又提到徐父后来把徐家产业交由张幼仪管理，肯定是因为两人曾有不正常关系云云。

按陈巨来生于1905年，论他的年龄、背景，不可能托词说不明白中国人对长子嫡孙如何看重。张幼仪离婚后专心培育徐家唯一的第三代，又显出极高的商业才能；徐志摩空难去世时，徐家仅存的后人徐积锴只有十三岁，徐志摩的父亲要是不把财产交托给嫡孙的亲母张幼仪，难道要交托给已经和翁瑞午同居的陆小曼吗？

可惜的是，后来还有人拿着这样的流言继续做文章。

第七章

掉进罅缝的陆小曼

陆小曼是谁?

假如四十年前做个街头访问，随机请路人回答“陆小曼是谁”，相信除了对中国现代文学特别感兴趣的人之外，没有多少人可以答得上这个问题。但自从20世纪80年代后期兴起“徐志摩热”，人们的注意力又都集中在他的罗曼史，因此能够回答“陆小曼是谁”的人就多了一些。接下来，徐志摩的罗曼史拍成长篇电视剧，广受欢迎，陆小曼作为其中一个女主角，在20世纪末华人社会的知名度忽然又提高了不少。如果现在去做个访问，只要稍微给一些提示，相信不少人会说得出她与徐志摩的关系。

我执笔写这篇文章的初稿时，刚好看到一份学术性的书评，作者把陆小曼列于五四时期新女性代表人物的榜首，这也可以看成“陆小曼是谁”的某一种答案。热爱现代文学但并不熟悉现代中国社会和历史变革详情的人，因为知道在徐志摩的恋爱史中，留下最多文字记载的女主角是陆小曼（1935年陆小曼公开发表徐志摩写给她的《爱眉小札》和她自己的《小曼日记》)，把她想象为五四时期浪漫女神的化身，这一点不难理解。不过，一般人大概会倾向比较平实的答案：离了婚的徐志摩碰上已婚的陆小曼，两人的恋爱闹得满城风雨，接着她也争取离婚，然后两人结合了。

恋爱和婚姻自由是新文化运动的大旗，而徐志摩作为新月派浪漫诗人，在后世享有盛名，陆小曼因为爱上这样的知名人物，成功争取离婚，如果有人说她是个“新女性”，是自由恋爱的斗士，徐志摩情史上的“胜利者”，该不会引起太多疑问。

要是答案如此简单，这篇文章就不用写了：这么个站在新思潮浪尖的人物，成功争取到自己的理想，抛开父母选派的丈夫，嫁给心仪的男子，怎么可以说她掉进罅缝呢?

但事实往往不那么简单。大家回顾五四历史人物，会不自觉用眼前的标准在他们身上加标签。我们知道自清朝末年到五四前后提倡过新女性运动，所以有了“新女性”这个标签；我们知道五四时期青年人标榜自由恋爱，所以有了“自由恋爱”和“浪漫”这两个标签。我们认为三角或者多角恋爱总有胜利者和失败者，所以又有了“胜利者”这个想法。

这些标签真的能代表身处20世纪二三十年代的陆小曼吗?

寻找真正的陆小曼

新文化时期的刊物有不少报道，叙述年青一代女子为了加入“新女性”行列如何艰苦挣扎，甚至不容于父母长辈，这在当时可以说是常情。但社会上却也有少数幸运儿，自己完全不必伤脑筋，就已经被安排踏上“新女性”的坦途。她们的父母（特别是父亲）洞察变革潮流的先机，为女儿提供比别人优胜的机会，让她们接受最新式的教育。

陆小曼就是这样一个幸运儿。她不像和她同辈的许广平和曹珮声，两人都曾被逼缠足，虽然能念书，但也只限于私塾。陆小曼从幼儿园开始，走的就是“新女性”坦途。

我们先看陆小曼的家庭背景：她父亲陆定虽然是前清举人，却捉摸到时代变革的脉搏，20 世纪初就出洋到日本留学，进的是日本最高学府帝国大学。这样一位得改革风气之先的父亲，自然会为女儿做恰当的安排；而且别人光看这个女孩的家庭背景，也会毫不犹豫地把她归类为新人物。

陆小曼 1903 年在上海出生，从幼儿园起就在上海上学，在八九岁时移居北京，入读北京女子师范学校附属小学，中学时转到法国教会学校圣心书院，因此接触法语和英语，家里还请了家庭教师为她补习英文。陆小曼到了十多岁，已是社交圈子的名媛。章君谷的《徐志摩传》对陆小曼有如下描写：

> 但凡是玩的事情一学就会……她能唱许多出京戏，而且腔圆字正，有板有眼，临时让她上台客串、彩排，她也能不怯不惧，应付裕如。她又能拍曲子，跳交际舞，舞艺之精湛和应付之大方，处处使人倾倒。

假如要找当时上流社会“新女性”表面形象的代表，陆小曼的确很能胜任：人长得漂亮，衣着时髦，会说外语，善于唱歌跳舞，身边围绕着一群裙下之臣。

何谓新女性？

五四时期把女性粗略地分为新、旧两种人，最简单的分界线就是这个人有没有进过新学堂，念过多少年书。大家说陆小曼是新女性，和她受的教育脱不了关系。即使她没有闹离婚，以五四时代一般人的眼光来看，既然她父亲是留学生，她本人在外国人办的学校读书，她的衣着、言行和社交习惯又都是上流社会的新派规范，她当然算是个头等新女性。

但这个浮于表面而粗略的定义，在当时思想先进的女性心目中，早已经站不住脚了。同样是念新式学堂，有些人毕业后尽力寻找进修机会，然后谋求专业发展；有些人投身社会，以自己的智慧和劳力争取经济独立，同时也争取各方面（包括婚姻）的自主权；也有些人拿了毕业文凭，当作高等装饰品，自己继续在家中做个无忧无虑的娇小姐，等到合适的婚姻对象出现时，就搬到另一个家庭去，做个无忧无虑的少奶奶。这种社会现况，最让有志气的新女性感到不是味儿。一生致力于教育的曾宝荪（曾国藩的孙女儿）对此就曾经严厉批评：

> 很多女子把学校文凭等同于钻石，她们受教育只是为了增高自己的地位，谋取更好的婚姻机会，又或是教友朋称美。

陆小曼到底是哪一类型的“新女性”，我们看看她的生活方式和个人喜好，就可以得到答案。

她还在圣心书院念书的时候，因着父亲的关系网，经学校推荐，曾为当时北京政府外交部的顾维钧做兼职助理，性质大概像现在的实习，主要当口语翻译，这显示她的外语能力很不坏。可惜她此时没有真正投入社会工作，却在社交圈子活跃起来。十七岁那年，她经父母介绍，认识了美国西点军校的优才毕业生王赓，他是艾森豪威尔的同班同学，曾以武官兼翻译的身份随中国代表团出席巴黎和会。王赓当时被视为北洋政府军政界的青年才俊。陆小曼的父亲留日回国后，任职民国政府二十余年，也是国民党党员。在时人眼中，这两个年轻人的背景、才貌非常匹配。他们在 1921 年

10月结婚，盛况轰动一时。

陆小曼婚后过着典型的官太太生活，丈夫上班，她闲在家中，家务自然有用人负责。她日常的娱乐是购物、票戏、打牌、跳舞。这对我们是很好的启示：受过新式教育的女子不一定等同于有社会抱负，也不等同于反对传统女性以家庭为中心的定位。

尽管妇女运动积极分子看不起沉醉于闲适生活的“新女性”，但我们还是得面对事实：这类“新女性”在当时的中国很普遍，尤其以上海为甚。事实上，国民党政府在20世纪20年代至40年代还不时鼓吹妇女珍惜贤妻良母的身份。这样的“新女性”不管在婚前还是婚后，扮演的都是上流社会小姐、太太的角色，由富裕的家庭支持她们的高级品位，同类的例子今时今日在世界各地也不罕见。用当代的香港术语来说，陆小曼大概是“波（ball）场名女人”。

平心而论，陆小曼从女学生摇身变为官太太时，还未满十八岁，她能参照的女性典型是谁呢？还不是她身边经常接触的女性，例如她母亲交游的圈子？从这个角度看，她并没有辜负父母和亲朋对她的期望——正相反，作为王赓夫人，初进高级社交圈子，她让父母引以为荣。当然，我们可以指出，张幼仪十二岁为自己找学校，林徽音十六岁就选定了未来的理想专业；但人之不同，各如其面，陆小曼跟她们是不一样的人。在她自己的社交与文化网络中，她有恰当的、让人称羡的位置。

20世纪上半叶标新崇洋，文化界不少男士都被像陆小曼这样的社交圈活跃分子吸引。在他们看来，西式社交场合男女混杂、自由交往是个新现象，是非常“摩登”和“洋化”的表现，代表着“进步”，而能在这种场合出风头的，自然是“新女性”中的佼佼者了。

有趣的是，这类场合让人联想到中国传统文人的习惯：他们的诗酒之会往往有名妓穿插其间，而名妓们不但长得漂亮，也颇以才艺见称。她们有的弹琴奏乐，有的轻歌曼舞，有的妙语解颐，有的和宾客酬唱，吸引传统文人学士为她们赋诗填词，百般颂赞，后代传为美谈。

这样的文人诗酒之会，也不是光在古代。在新文化时期的中国社会，旧传统与新习惯并行了二十多年，虽然互存敌意，但也不能抹杀对方的存在，老派“才子佳人”的聚会并不罕见。以此为参照背景，像陆小曼那样的“新女性”——长得漂亮，衣着入时，善于唱歌跳舞，在社交场合和名人雅士周旋——除了她们家里有钱、念过洋书以外，她起的实际作用和传统名妓有什么本质上的分别呢？

很可惜，这个值得深思的问题，对当时上流社会的新派文化人并没有吸引力。他们太热爱“新女性”那副招牌了，也太介意新文化和旧文化之间的鸿沟了，以致没有谁愿意探讨当时男女社交的深层结构。正因如此，徐志摩虽然是个新派文化人，但他遇上了风头正盛的陆小曼，也就没想过她是哪一类“新女性”。

其实，二人在热恋时，陆小曼就曾对徐志摩这样描写自己：

> 在城里每天沉醉在游戏场中，戏院里，同跳舞场里，倒还能暂时忘记自己，随着歌声舞影去附和；这次在清静的山中……反激起我心头的悲恨。

陆小曼要表达的是她对恋人的思念，但却不经意描绘出像她这样的大都会摩登女性平常的日程。在这本书中写到的与她同辈的女子之中，没有另一个人会选择如此过日子，因为她们是另一种“新女性”。

最后值得一提的是，大家现在看到陆小曼在北京再婚的照片，她身穿白婚纱，行的是“文明礼”；但她婚后与徐志摩回乡，却要求徐家派出六人抬的大红花轿去迎接她进家门。如此一来，懂得老规矩的人自然要怪她失礼（毕竟她和徐志摩都是再婚），讲究新典范的一代又要瞧不起这种封建派头。也许这最能显示像陆小曼那种背景的女性，往往陷进尴尬的文化处境而不自知，因而也不能自拔。

陆、徐之恋

陆小曼和徐志摩两人相遇，其实也是当年上流社会的写照：陆小曼过惯了“舞池歌榭”的生活，而丈夫王赓的性格和她背道而驰，热衷工作，也常常需要到外地公干，后来更被派往东三省任职；陆小曼不愿放弃北京的生活，不肯同行。徐志摩与王赓都是梁启超的门生，算是熟识的朋友，因此与陆小曼有了接触的机会，两人坠入爱河。

假如要问他们看中对方什么，读者可能认为我迂得厉害，恋爱嘛，是很个人、很主观的事。不过，如果硬要客观起来，也不是完全说不出原因。先看徐志摩，他硬拼着离了婚，惹来父亲大怒，却未能赢得林徽音。我们知道失恋会引起一种反弹作用（rebound），有点像遇溺的人伸手去抓救生圈，而他遇上的陆小曼，又是个易于让人倾倒的美人。张幼仪追述初见陆小曼，就不讳言自己没料到她如此美丽：

> 她的肤色白皙通透，五官很精致。她说话的时

候，在座的男士们都入了迷。

徐志摩被美丽的外表吸引，运用浪漫的想象力，在自己心中建立一个理想的恋爱对象，这不是头一次。林徽音回忆当年徐志摩在伦敦追求她时，对徐志摩的心态就有明智的衡量："徐志摩当时爱的并不是真正的我，而是他用诗人的浪漫情绪想象出来的林徽音。"

风流自诩的徐志摩碰到迷人的陆小曼，再一次发挥想象力，深深爱上自己幻想出来的最佳伴侣。

客观地看，相对于徐志摩，陆小曼真正面对磨难，得算是她离婚以前那一段时间。她最大的压力来自父母，特别是母亲——陆母很看重女婿王赓。以陆小曼自己的话说："在他们的眼光下离婚是家庭中最羞惭的事，儿女做了这种事，父母就没脸见人了。"她曾以死为要挟，谁知她妈妈却说"要死一道死"，可见对于那一代人来说，似乎没有别的比离婚更破坏家庭声誉。

既然如此，是什么把陆小曼推向披荆斩棘的路上的呢？往简单里说，首先是作为年轻的官太太，生活实在太无聊。她不满十八岁结婚，碰到徐志摩时才二十一岁，还是做浪漫爱情美梦的年龄。徐志摩排山倒海的情书攻势，让她得到前所未有的“被追求”的乐趣，也把她引进浪漫幻想的境地，对眼前的婚姻愈来愈不满意。

因为婚姻生活沉闷而追求婚外的浪漫，俄国文学就有很多例子，上流社会的美丽太太有追求者在家中做客，几乎成了规范。但这不是新文化时期青年渴求的规范；他们要的是“去旧立新”。就是这股动力让陆小曼认为她可以化幻想为现实。

陆小曼和徐志摩的恋情受到极强的家庭和社会谴责，因为大家认为他们背叛婚姻属于任性妄为，而他们的配偶则无辜地受到伤害。徐志摩抛妻弃子在先，接着又向朋友横刀夺妻，应该引来更大的公众反感；事实也如此。他招来的抨击和抵制不限于舆论和社交圈，还直接影响到他找工作的可能性：据梁实秋回忆，暨南大学当年不肯聘用他，就是因为该校校长认为“此人品行不端”。至于在私人社交的圈子，虽然有不少友人对他回护，但像江冬秀那样，反对胡适为陆小曼与他在婚礼上充当“媒人”，当众说假如胡适真的上台，自己肯定要把他从台上拉下来，这种毫不留情的态度，也是一面明镜。

但事情也有另一面。新文化时期毕竟是个倡议激进行为的时代，因此徐志摩和陆小曼的恋爱与婚变就成了社会革命的一面旗帜。不管他们的做法是对是错，他们反抗现实的行为，被数以万计处于不愉快婚姻中的青年视作黑暗中的明灯。其中以郁达夫把话说得最极端：

> 我就佩服志摩的纯真与小曼的勇敢……假使我马上要死的话，在我死的前头，我就只想做一篇伟大的史诗，来颂美志摩和小曼。

郁达夫是徐志摩的同学，也算是知交，当然有他的既定立场；但他这种反应却不光代表个人感情，也体现了出生在旧社会的新青年对自由和解脱的盼望。

其实处于社会规范剧变年代的人，感情和理想被新、旧价值观牵引着，即使认为陆、徐在道德上有所欠缺，也不免要同情他们追求婚姻自由的理念，这可以作为张幼仪的兄长和兄弟们在徐志摩抛妻之后依旧与他保持友谊的注脚，反映的是当时文化规范的灰色地带。这类道德与文化矛盾，在徐志摩和陆小曼的关系中出现了一个代表性时刻：20 世纪初执中国社会改革牛耳的梁启超，以徐志摩老师的身份被邀为徐、陆两人主婚，当众把自己的爱徒痛骂一顿。时人和后世的眼光多半集中在他的“骂”，但梁启超同意当他们的主婚人，这行动本身就已经有很强的文化意义。

不愉快的婚姻

徐志摩曾高调地向梁启超说明：“我将在茫茫人海中访我唯一的灵魂伴侣。”这种差不多孤注一掷的勇气很容易让人感动。可惜的是，陆小曼和他都没有看清楚对方是不是这样的伴侣。他们虽然被很多年轻人视为成功打破婚姻枷锁的自由恋爱斗士，但两人结合以后，婚姻却极不愉快，等于披上了另一副枷锁。

梁启超在陆、徐二人弄得满城风雨之初，写信给徐志摩，劝他不要“以他人之苦痛，易自己之快乐”，当时他就曾经预言：

> 多情多感之人，其幻象起落鹘突，而得满足得宁帖也极难。

这样的评价，可见梁启超知徐志摩甚深；有意思的是，他的话同样适用于陆小曼，对二人后来婚姻失败的原因，可说一针见血。他们因误解而恋爱，因抗拒外来压力而下决心争取结合，但结婚以后，外来压力消失了，开始过平常的婚姻生活，浪漫滤镜不再生效，逐渐发现原来把二人拼合起来的，正是当初视为死敌的外来压力，而眼前人跟自己想象中的伴侣相比，其实是两码子事。

到了这个境地，本来就该分手了——长痛不如短痛嘛。可惜他们却做不到“因了解而分开”。原因无他：他们在争取恋爱和再婚时，冒社会与家庭的大不韪，唯一能拿出来为自己辩说的只有一个字：爱。他们的事在社会上沸腾了两年，二人下的赌注太大了，因此虽然看清了现实，却找不到下台阶的长梯，只有一方面拖拖拉拉地过，另一方面把浪漫的诉求转移到别人身上。

陆小曼最为人诟病的，是她婚后不到一年，遇上了翁瑞午，不久发展为婚外情，又因为翁瑞午的关系染上了鸦片烟瘾。徐志摩在北京找到教职，她却坚持住在上海，不少人认为她因此要为徐志摩之死负上间接的责任。徐志摩逝世后，她一直没有放弃她的恋人和鸦片烟。

鸦片在中国人的历史中是个忌讳，抽大烟十恶不赦；但事实上鸦片也有药用的一面，在西方作为镇痛药持续到

20世纪60年代。张幼仪说到陆小曼的烟瘾时，表示同情，原因是她行医的父亲在她和妹妹生病的时候，也曾想用鸦片为她们止痛，她虽然拒绝了，却见识到鸦片作为药用然后成瘾的过程。[1] 我们固然不愿意为抽鸦片提供借口，但也不能完全抹杀它的历史背景。陆小曼的烟瘾起源也在于治病。

至于和陆小曼结婚后的徐志摩，看清了新夫人不会变成拿着彩笔的女神，浪漫想象又重新回到当年的对象身上，在林徽音因病回北京休养的期间，大力展开追求——这是很多人都知道的事。但徐志摩寻求“婚外的可能性”并不限于林徽音。从1927年到1931年，他冶游的对象包括项美丽（Emily Hahn，她和另一位诗人邵洵美的关系更为长久）、史

1 在同一时代，我的家族也有同样的故事：外祖父家一位婶婆产后剧痛，医生让她用鸦片镇痛，结果她上了瘾，受到族人排斥。一次这位婶婆家办喜事，我外祖母觉得人情难免，去了宴会，外祖父大为生气，关上房门，让穿着花盆底的太太在门外站了半小时。鸦片在当时年青一代引起的反感是很激烈的。到了21世纪，有学者全面探讨各种毒品引起的健康和社会问题，认为当年专门大力取缔鸦片，但不设补救措施，结果导致瘾君子用更厉害的毒品取代鸦片，为害更深。见 Frank Dikkoter, Lars Laamann & Zhou Xun, *Narcotics Culture: A History of Drugs in China*, University of Chicago Press, 2004。

沫特莱（Agnes Smedley）[1] 和赛珍珠（Pearl Buck）。要是想为徐志摩开脱，可以说他的第二段婚姻让他陷入泥沼，因此往婚外寻求抒发，但这不也同样适用于陆小曼吗？后世要责怪陆小曼和翁瑞午，也得看看徐志摩的表现。

1 史沫特莱是著名的美国左翼女记者，1929 年到达上海，由于语言和文化背景的关系，首先接触到的是留英、留美的文人学者，包括胡适和徐志摩。有关史沫特莱与徐志摩的关系，第一手资料来自她写给在美国友人的信。见 Janice R. MacKinnon and Stephen R. MacKinnon，第 143 页。

陆小曼的妒意

陆小曼到底有没有嫉妒过别人，嫉妒的又是谁，我们自然无法请她亲口作答。即使可以向她直接提问，她又会提供真确的答案吗？人和动物的区别不在于人会欺骗别人，而在于人最善于欺骗自己，所以即使当事人也未必可以（或愿意）如实作答。既然如此，我们不妨把陆小曼这个人放回她所属的年代和圈子，以互相参照的方式，探讨在她那种境况的女性可能会嫉妒谁。

在认识徐志摩以前，陆小曼没有理由要嫉妒谁；正相反，在她的社交和生活圈子里，她的年龄、背景、样貌和丈夫王赓的地位，都让她成为别人羡慕的对象。问题出在陆小曼与徐志摩相恋和结婚后，她必须进入一个本来不熟悉的圈子。

她大概没想过在婚后要面对另一种"新女性"标准。对她作出衡量的除了徐志摩本人，还有他的亲人和朋友。新文化运动时期的男性爱恋的"新女性"面貌不一而足，有的被志士型吸引，有的被战斗型吸引，而徐志摩在自己心中筑起的女神像，手里拿着一支彩笔。诗人是否自觉如此，我们不知道，但从他对曼殊菲尔颇为肉麻的描写，到他对林徽音的恋恋不舍，还有他婚外情的其他对象，我们可以看出一条清楚的路线。他与陆小曼恋爱之后，极力鼓励陆小曼从事创作，也证明了这个看法。

不管是谁，希望把恋爱对象塑造成自己心中女神的模样，结果都是要失败的，徐志摩的个案也不例外。虽然尽力为陆小曼说话的文人如陈磊庵努力建立陆小曼多才多艺的形象，但事实上她的才与艺倾向于中国旧文化（她是个票友，也爱画国画，曾拜刘海粟为师）。不管徐志摩如何幻想把陆小曼带上新文艺创作的路，最后他也要面对事实：他最爱恋的那种“才”，陆小曼并不具备——不是她完全没有尝试，而是她的兴趣并不在此。

再看徐志摩身边的朋友，无论是男是女，没有谁会认为一个过惯了官太太生活的摩登女子是他们心中的“新女性”象征。徐志摩到北京教书谋生，陆小曼却坚持不肯迁居，要住在上海，不管她的原因是翁瑞午，还是像张幼仪所说的，在上海容易买到鸦片，都不会为他们所谅解。对徐志摩寄以希望的师友固然对陆小曼没什么好感，连一向愿意为女性说话的江冬秀也劝徐志摩干脆和陆小曼离婚算了。由此可见，在徐志摩的朋友圈中，陆小曼占着怎样的位置。

诚然，客观情况让人感到不愉快，倒不一定会引起嫉妒之心；关键是当事人本来有没有嫉妒的倾向。陆小曼是个善妒的人，我们从一件事看得很清楚：徐志摩和她谈恋爱的时候，曾经把旧日记交给凌叔华代为收藏，原因是其中有他当年追求林徽音时的记录，他怕陆小曼翻出来看见了，会引起大风波。如果陆小曼不是处处表现出醋娘子模样，徐志摩何必连日记也不敢放在家中？

除了会吃醋外，陆小曼也是个自视很高的女子。和徐志摩苦恋之际，她饱受家庭和社会压力，就说过这样的话：

> 我自小就是心高气傲，想享受别的女人不容易享受得到的一切，而结果现在反成了一个一切都不如人的人。

由此我们知道陆小曼除了妒意强以外，也爱把自己跟别的女性比较。她与徐志摩交往、结婚之后，没想到要长期面对另一种“新女性”的评价标准。从前在自己熟悉的圈子被捧得高高在上，现在以同样的方式过生活，却有很多人表示不以为然，这样的情况最容易打击自信。本来“心高气傲”的陆小曼失去安全感，因此对别人会拿来和她相比的对象就难免感到嫉妒了。

招来嫉妒的对象

让陆小曼嫉妒的人，必定是徐志摩圈子里那种新女性；更重要的是，这个人和徐志摩一定有密切关系，让她觉得自己即使和徐志摩结了婚，未必就因此而胜过对手。

这样的女性，在徐志摩当时的生活中明显有两位。

第一个是林徽音。陆小曼与徐志摩热恋的时候，已经对林徽音饱含醋意，到了婚后两人感情出现诸多暗流，徐志摩到北京工作，时常得见当年倾慕的对象，陆小曼怎会毫无反应呢？当她知道林徽音回到北京养病时，就多番讽刺丈夫经常在病榻旁侍候，引来徐志摩再三辩解。陆小曼一向自恃的条件——貌美、懂外语、受过新式教育——几乎没有一项不让林徽音比下去；至于专业、文才和在徐志摩朋友圈中的声望，这些都是陆小曼完全没有的条件，也是林徽音的最强处，难怪她心中有刺。

除了林徽音外，让陆小曼嫉妒的该是张幼仪。陆小曼与徐志摩结婚前，徐家二老坚持要先当面取得张幼仪同意，同时声明张幼仪在徐家的地位是干女儿，孙儿由她负责教养，将来她要是结婚，可以在徐家的资产中分取嫁资。

张幼仪以张家二小姐的身份在上海商界立稳阵脚，不但是女子银行的副理，也出掌在上海深受小姐太太们拥戴的时装公司，成为当时上流社会和商界的知名人物。更重要的一点，张幼仪除了有独立的经济能力和社会地位以外，在徐家父母心目中地位也远比陆小曼高。这不但因为她是徐家嫡孙的母亲，更重要的是，二老认为她才是稳重可靠的人。

以陆小曼爱玩、爱自由、爱消费的个性，固然不会愿意和丈夫的父母同住，但丈夫的父母明显地偏爱丈夫的前妻，对她来说却是非常失面子的事，她新婚不久就曾为此大发脾气。当时陆、徐二人婚后回到徐家居住，不久二老竟然收拾行李跑到北京张幼仪家中，说是看不惯陆小曼的作为，宁愿跟张幼仪住。徐志摩曾为此向前妻兴师问罪，开宗明义地说这“让小曼太没有面子了”。

可惜，徐家二老的选择不以陆小曼的面子为依归。1931年徐母去世，徐父坚持不让陆小曼回硖石的徐家，甚至说要是她踏进家门，自己就马上离开，原因是陆小曼一直不懂得尊重二老。反过来，张幼仪第一时间就被知会要为徐母奔丧。

有一段时期，陆小曼、徐志摩和张幼仪都住在上海法租界，徐家二老每到上海，不住在儿子那里，而是住进张幼仪在范园的家；后来张幼仪在股市上赚了大钱，还在范园找地方给二老另外建了一栋小洋房。

张幼仪轻描淡写地说自己为二老建房子，大概让陆小曼最感切肤之痛——这牵涉的不是面子，而是财力。陆小曼和徐志摩结婚前，徐父把生意和祖居以外的财产分为三份，一份两老自用，一份给张幼仪和孙子，一份给儿子。徐志摩和陆小曼结婚后，待在上海无所作为，1926 年底，老友胡适写信向英国友人恩厚之（Leonard Elmhurst）求助，说希望他能资助徐志摩夫妇离开中国，到欧洲学习几年。恩厚之在次年 3 月就汇了款给徐志摩，作为他夫妇的旅费。徐志摩收了钱，却没有成行，我们说不准原因，但陆小曼一直不愿意离开上海，是个事实。二人婚后，徐志摩就靠卖父亲所给的东西供养陆小曼，甚至把一些玉器字画拿到美国，希望卖得高价。坐吃山空，东西很快就卖光了，徐志摩面对经济困境，终于在 1930 年应聘于北京大学，靠教书来养家，这如何足够陆小曼在烟床上的消耗呢？

张幼仪事业成功之后，经济能力远比徐志摩强，而徐父也宁愿把自己生意上的事交托给张幼仪；徐志摩经济拮据时，反而要靠张幼仪向自己的父母说项。陆小曼是个需要花钱的人，这样的情况，即使再不计较，心里免不了有一根大刺。

除了上述两人以外，徐志摩身旁还有别的女伴，其中有浪漫关系的，也有朋友关系的，不管她们的政治倾向如何，都是有个人事业的新女性，也是有写作能力的女性——正是徐志摩心仪的典型。陆小曼面对林徽音的心影和张幼仪的身影，要是还有余力，可以引起她妒意的人实在不少。

假如没有徐志摩

一般人研究徐志摩和陆小曼的婚姻，大多为徐志摩抱不平，认为陆小曼贪恋洋场生活，染上不良嗜好，迫使徐志摩疲于奔命去赚钱供养她，上海、北京两边跑。同时徐志摩为了省钱，选择坐免费飞机，导致丧命。

但我们也可以换个角度，通过陆小曼的眼光来看当时的情况：她本来就过惯了舒适的小姐、太太生活，徐志摩对此不可能说不知情，因此在和她结婚的时候，早该有心理准备，知道要为她提供怎么样的生活。反过来说，她因为和徐志摩结婚而要面对新的社交圈子，从众人称羡的位置掉下来，备受批评，丈夫的心里和身边又有别人认为比她强的女性，这样的日子实在很不好过。她习惯了被呵护宠爱，和徐志摩结婚后自尊和自信受到打击，现在只能在翁瑞午身上找到一点自己往昔的光辉，她还真的感到冤枉呢。

写到这里，我不禁要问，假如陆小曼当年没有碰上徐志摩，又或是两人认识初期就已决定抽身后退，她一生的故事又会如何呢？

她和王赓性格不同，兴趣大异，即使没有徐志摩，两人也会渐渐变得貌合神离。但在官场之中，这样的婚姻组合实在常见，因此我深信他们也会像别的夫妻一样，过着表面风光的日子。

王赓事业心极重，不爱跳舞享乐等无聊的应酬，假如陆小曼没有和他离婚，会耐得住寂寞吗？当然不。丈夫不肯陪她，她可以自己出去应酬，她热衷的娱乐像唱戏、跳舞，都不一定要有丈夫在身旁。陆小曼在京剧票友圈子中，还是会碰上翁瑞午。她既然惯于有人在身边奉承，因此不管她是王赓夫人还是徐志摩太太，同样可能和翁瑞午展开婚外情。

假如说两者之间会有一点分别，就是王赓的军旅地位和阳刚之气，可能让陆小曼和翁瑞午多一分避忌，不至于像对徐志摩那么明目张胆；他们可能更像上文提到的俄国小说中的三角关系。除此之外，陆小曼大概也不敢肆无忌惮地在王赓家中摆放烟床，吞云吐雾。所以说，如果她当年不离婚，起码有这个大好处。

抗日战争“一・二八”事件期间，王赓因为破敌心切，想向西点军校的老同学讨教发炮的问题，因而进入上海租界，不慎被日军拘捕，虽然经美、英、法等国干预而把他交由国军处理，但他进入租界前没有先行汇报，算是擅离职守，依军法判刑两年半，狱中生活对健康难免造成影响。刑满后，他依旧在国民党军中服务，处理抗日军需事务。1942年，蒋介石派出军事团访美，希望加快美国供应物资的速度，当时王赓的同学艾森豪威尔是美方军事要员，王赓的职务又正是军需，因此是访美成员之一。但他在这次旅途中肾病发作，在开罗进了盟军医院，当年7月不治病逝，遗体安葬在开罗 Heliopolis 英联邦军事坟场，墓碑上刻着他的英文名字和官阶：Colonel Ken Wang，还有四个中文字：鞠躬尽瘁。

假如陆小曼是王赓的遗孀，而翁瑞午又愿意离婚，她和翁瑞午要正式结合，包袱也没那么沉重了。

徐氏遗孀

据同情陆小曼的人说，她在徐志摩死后洗净铅华，在上海深居简出。她除了协助徐志摩全集的出版，也把二人的部分书信和日记公开发表（按梁锡华研究所得，徐志摩写过好几百封信给陆小曼，大半被陆小曼失落了，小部分则扣下不发表。这些劫后余函收入梁锡华所编的《续爱眉小札》）。除此以外，她主要寄情国画，在1941年开过小型画展，只不知时间是在上海沦陷之前还是之后。

虽然她与翁瑞午的关系没有中断过，但徐志摩的父亲还是按月把她的生活费存进银行。徐父去世后，徐家的财产由张幼仪管理，她的生活费就经由张幼仪支付。大概到了1949年初，翁瑞午约见张幼仪，说自己做成了一笔大茶叶生意（翁家拥有一座茶山），以后可以独立支持陆小曼的生活，徐家的资助才停止。

陆小曼一生重复面对中国社会和文化的剧变，从出生到十多岁属于摩登浪尖上的人物，到了二十多岁，徐志摩让她离开了原来的生活轨道，她像个迷了路的人，落进了文化夹缝。徐志摩死后，她与翁瑞午过日子，算是回到本来的圈子，但毕竟翁已经有家室，陆小曼也背着徐志摩早逝的包袱，生活不能说没有阴影。

1949年中华人民共和国成立后，陆小曼和翁瑞午依旧留在上海，面对翻天覆地的社会变革，二人平稳度日，而且鸦片不容于新政府，两人都戒掉了毒瘾。20世纪50年代初，翁瑞午的太太去世了，但他们始终没有正式结合，不过陆小曼在申报户口时把翁瑞午列为家庭成员，表现得实事求是。

陆小曼在1958年成为上海美术家协会会员，后来又受聘为上海中国画院的画师，终于能凭着持久的努力，获得自己的位置。

翁瑞午死于1961年，陆小曼在四年后病逝。

附注

关于陆小曼入学、转学和结婚的年份，二三手资料有很多不同说法，在没有确实证据的情况下，本文只能凭其他历史资料为旁证。例如她何时迁居北京，进入北京女子师范学校附小，按她侄儿陆宗麟说是“六岁”，一般资料说是“八九岁”，我倾向后者，原因是民国成立于1912年，她父亲陆定加入北洋政府度支部，时间比较符合。但也有说陆定曾任教于清朝贝子贝勒学校，如属事实，则陆家1911年以前已经在北京，但此说未有实证。

北京女子师范学校的前身是京师女子师范学校，成立于清末1908年，据资料，在1910年设附属小学，陆小曼在1909年11月满六岁，假如她翌年夏天入读刚成立的女师附小，时间也符合；但如果陆宗麟说的是虚龄，则不符合女师附小的历史了。

至于陆小曼的年龄，这里以足龄为依据，例如她在1921年10月结婚，到11月才满十八岁，因此她结婚时仍是十七岁。

第八章

林徽音的抉择

1922年，浙江省一份推动新文化潮流的杂志《浙江潮》刊登了一封离婚公开信，署名的是个叫徐志摩的年轻人。信中大力反对旧式婚姻，指出经由父母之命而成婚，男女双方缺乏感情基础，是极不合理的安排，要求“自由之偿还自由”，认为做父母的如果真的爱子女，就应该听从他们自由离婚。这论调正好反映当时新文化运动掀起的一个巨浪。

20世纪20年代是中国青年人“揭竿起义”，摆脱种种传统约制的高峰期，而传统婚姻制度则是他们集中火力猛攻的焦点。徐志摩高调宣告离婚的种子是新文化运动提倡的自由恋爱主义，是个社会大潮流。据他的第一任妻子张幼仪回忆，他还在北京大学念书的时候，就曾经忽然在家里对她宣告：“我要做中国头一个离婚的人！”

不过，从理论上对传统式的婚姻不满，到采取决绝的行动抛妻不顾，中间总有个过程，也总有触发他采取行动的引子。就徐志摩而言，引子是个只有十六岁的“新女性”，名叫林徽音。

林家长女

说林徽音是新女性，她本人可能会提出异议。她在给好友胡适的信中曾这样说：“我的教育是旧的，我变不出什么新的人来。”

即使这样，她却是中国 20 世纪历史上大家公认的新女性。由此可见，要想用一刀切的方式定下新和旧的界线，实在是不可能的。

林徽音 1904 年生于杭州。林家本来是仕宦世家，但和一些思想先进的清末官员一样，在 19 世纪末蜕变为一个中国维新派知识分子家庭。林徽音的父亲林长民留学日本，也说得一口流利的英语。林徽音在家中启蒙，八岁移居上海，入读小学，后来林长民在北洋政府任要职，举家迁居北京，林徽音进入教会学校培华女中，到了十五六岁，她的英语能力已经不弱了。

1920 年，因为与军阀政府关系紧张，林长民被迫以欧游考察为名，离开中国，决定带长女徽音同行。他对子女的教育不分性别，一视同仁，从他向女儿说明的带她出国的原因可见一斑：

> 第一要汝多观览诸国事物，增长见识。第二要汝近我身边，能领悟我的胸次怀抱……第三要汝暂时离去家庭繁琐生活，得扩大眼光，养成将来改良社会的见解与能力。

看林长民的话，可知他对长女寄望甚深；但他言辞之间也透露了一点家庭问题。林氏虽是新派知识分子，但毕竟生于清末，社会风俗保留了很多旧习性，在男女关系与家庭关系方面尤其看得清楚。清末维新时期的思想，与传统家庭伦理其实并没有太大冲突，像林长民和他的好友梁启超那样的革新派人物，在婚姻方面依然沿袭固有的传统。林长民和林徽音的母亲结合，基于父母之命、媒妁之言，婚后感情一直欠佳，林徽音出生后，林长民另外娶了一房妻子，从此家宅不宁。林徽音自幼目睹父亲对母亲的冷待，又体验了生母和庶母之间摩擦的痛苦，连带她和庶母所出的弟妹相处也困难重重。所谓“家庭繁琐生活”，指的大概就是这种日复一日的、磨人的纷争。

追随父亲欧游是林徽音的人生转折点。当时五四运动刚开始不久，同辈女子大都还在痛苦地争取上学堂受教育的机会，有不少人甚至为此被逼得逃出家庭，才十六岁的她却已陪伴父亲游历欧洲，又留在英国念书，出国差不多一年半，际遇可说得天独厚。更何况林长民对女儿锐意栽培，带她进入英国文化界名人的社交圈子，让早慧的女儿接触著名的作家如哈代（Thomas Hardy）、福斯特（E. M. Forster）、威尔斯（H. G. Wells）等人。这样的阅历，让林徽音后来回国踏足文化圈，处处表现出胜人一筹的眼界和气度。

留学英伦的际遇，让林徽音很早就选定了未来的路向。林氏父女在伦敦贷屋而居，房东是个英国女建筑师（另有一说，林徽音在英国圣玛丽学院一位同学的家长是建筑师），她耳濡目染，当时就立下将来要修读建筑学的志愿。

也因为留居英伦的关系，她通过父亲的圈子在伦敦认识了比她年长八岁的徐志摩；徐志摩对她一见倾心，终于演出抛妻弃子的一幕。

君子好逑

现实世界跟讲故事不一样，总不会干净利落，线条明朗。虽然触发徐志摩离婚的是林徽音，但她在徐志摩公告离婚时，已经离开英国了。

本来“窈窕淑女，君子好逑”是常有的事，像林徽音这样才貌双全的女子，吸引的“君子”当然不限一个人。

林长民与梁启超同是维新派，早有交谊，因此林徽音在出国以前就认识了梁氏的长子思成，当时她只有十四岁。她回国后，两人往来逐渐密切，发现大家志趣相投，特别热爱中华建筑传统。等到徐志摩 1922 年 10 月回到中国，林徽音与梁思成已是双方父母默认、文化圈子公认的一对了。

徐志摩回国后，没有放弃对林徽音的追求。她与梁思成相识在先，在伦敦时也很快觉察到徐志摩热切的追求，她既不抱独身主义，要在追求者之中挑适合做终身伴侣的人选，再自然不过了。处于梁思成与徐志摩之间，对于为什么拒绝后者，她中年时代曾有睿智的分析：

徐志摩当时爱的并不是真正的我，而是他用诗人的浪漫情绪想象出来的林徽音，可我其实不是他心目中想象的那样一个人。

这是指徐志摩第一次追求林徽音，虽然他为此做出抛妻弃子之举，但结果还是没有成功。正因为林徽音选了梁思成，徐志摩失意之余，才会在1923年向陆小曼展开狂风暴雨式的追求。

1924年初夏，林徽音和梁思成一起到美国宾州大学留学，两人都选择念建筑。宾州大学建筑系当时不收女生，因此林徽音注册在美术学院，但修读的是建筑系的课，两人开始了大半生在做学问方面的伴侣关系。以当时的社会伦理和道德观来看，假若两人的密切关系不是早得到双方家庭认同，他们不可能长期在外做伴。

1925年，林长民在军阀派系战斗中去世，身在宾州的林徽音很受打击，梁思成是她身边的支柱，地位更重要了。1927年，两人取得学位（林徽音拿的是美术学士，梁思成则是建筑硕士），一起在美国实习半年。1928年，两人在加拿大举行婚礼，然后到欧洲度蜜月，同年夏天回国，到沈阳东北大学上任。

至于徐志摩，1926年与陆小曼结婚，此举应该算是和过去的婚姻和恋爱作别了。可惜徐、陆二人的婚姻实在是一宗错误。1930年，徐志摩虽然家住上海，工作却在北京；刚好林徽音因肺病复发，住在北京香山休养。徐志摩困于第二段婚姻，苦恼之余，向已为人妻、为人母的林徽音展开第二次追求。

自20世纪20年代以来，有多少人把浪漫幻想托付在像徐志摩、林徽音这样的人物身上呢？大概无法胜数。浪漫情怀求的只是一份寄托，他们不一定想知道当事人复杂的感情世界，因此虽然林徽音和徐志摩分别嫁娶了，总有人盼望他们藕断丝连，甚至有流言说他们在1930年决定分别与配偶离婚，然后共偕连理。流言当然不讲究凭据，只说消息是当事人的至亲好友传出来的，至于"至亲好友"姓甚名谁，就不深究了。

其实徐志摩第二次追求林徽音，结果如何，不但显示在二人的现实生活中，也有文字记载。他还是没有成功。

1931年，梁思成离开被日本侵占的东北，回到北京，与林徽音同时加入"中国营造学社"，让他们的家庭、事业和志向更紧密地结合在一起，两人开始了对中华古建筑的实地考察。这样的伴侣关系，韧度远超于一般的夫妻。

同年，林徽音开始发表诗作，部分在徐志摩主编的《诗刊》出版。研究文学的人注意到诗，却可能忽视了古建筑在林徽音人生中的比重，造成视觉偏向。

正好徐志摩就在这一年去世。林徽音对徐思念最深的时候，应是他死后的一段日子。这时她的思绪很自然地掠过徐的种种缺点，只是回忆他的优点。尽管如此，她也从未怀疑过自己在感情上的决定。她 1932 年元旦写给胡适的信就是最好的证据：

> 这几天思念他得很，但是他如果活着，恐怕我待他仍不能改的。**事实上太不可能**。也许也就是我不够爱他的原故，也就是**我爱我现在的家在一切之上**的确证。志摩也承认过这话。

林徽音的儿子梁从诫回忆她当年的话，说徐志摩有两首诗是写给她的，第一首是大家非常熟悉的《偶然》，第二首是更有深度的《你去》(见文末附录)，不论是前者说的“你

有你的 / 我有我的方向”，还是后者说的“你去，我也走，我们在此分手”，都证明徐志摩很清楚林徽音的真正取向。

也许有人要说，林徽音“不够爱”徐志摩，证明她还是爱过他的；其实这一点她从来没有否认。以她自己的话说：

> 被诗人恭维了也不会增美增能，有过一段不幸的曲折的旧历史也没有什么可羞惭。（林徽音致胡适的信）

假如两个人追求她，她对一方毫无感觉，只是对另一方有感情，那根本就不用作“选择”了。

这位北京文化界昵称为“小姐”的新女性，为何选择做梁家“太太的客厅”的主人，而始终没选上浪漫诗人，不少徐氏传记都约略谈及。在下面一节，我们尝试站在像林徽音那样的新女性的角度来重看她的考虑。

择偶条件

未说新女性的择偶观点之前，我们不妨看看男性如何处理这个看来是“鱼与熊掌”的局面。梁锡华的《徐志摩新传》是众多徐氏传记中最扎实持平的一种，书中说到林徽音的婚姻选择，有如下论述：

> 徐家虽然颇有资财，但梁家也不愁生活。至于说到家声，无论在政治界或学术界，徐家是无可企及的。以人而论，徐志摩虽风度翩翩，但究竟比林徽音大了八年，在中国人眼中，就不如年纪相若的梁思成合适，志摩是个离过婚的人，在当日中国社会中，不免有白璧微瑕之讥。权衡轻重，林徽音自然知所选择。

上面这种讲求“匹配”的想法，在民初的中国社会还极有影响力，绝对不算不合时宜。但林徽音既然受了西方思想洗礼，对于男女相交相悦，难道真会心里放着算盘，打起财力、家势、名誉那样的“竹门木门”账吗？

其实女性理智地考虑婚姻问题，有几个关系到感情基础的先决条件，和上面引文所说的不尽相同。我们可以把这些考虑综合为三问：

第一问：未来配偶是否在感情上可信、可靠？

第二问：两人是否志趣相投？

第三问：两人性格的配合，是否有助婚后和谐生活和个人发展？

除此以外，对一个本身极聪明能干的女子来说，应该还有分量很重的第四问：未来丈夫是不是一个让自己尊重的人？

思考感情问题时，大概没有谁会像写文章一样，列出清单。但她们的思维实际上还是围绕上面说的几点。我们不妨想象如林徽音那样的女性如何回答这些问题。

第一，感情上是否可信、可靠。用现在的术语来说，这大概就是有没有“安全感”——这种“安全”和经济能力没有关联。在平等的两性关系中，女性不但要求男性感情专一，也要他们在肉体上专一，因为很多男人爱在两者之间划分界线，而女人都明白，这种界线完全是自欺欺人。林徽音自小目睹父母间的三角纷争，又岂会忽视这一点呢？徐志摩在英国热烈追求她，表示要为了她而离婚，却同时让妻子张幼仪怀了身孕。假如一个男人对你热烈追求之际，却同时和别的女性发生肉体关系，你认为这是一个可信、可靠的人吗？感情最浓烈的时候尚且如此，日后浪漫情怀稍为冷却，“专一”会有多大希望呢？

第二，志趣是否相投。也许很多人以为林徽音和徐志摩匹配，是因为两人都有文学天分，这未免是想当然矣。林徽音选择建筑学是十多岁就立下的志愿，因此不论是工作还是研究，她和梁思成一直相辅相成。他们跑遍大江南北，解放前后，他们的奋斗目标始终如一，说到志趣相投，实在很难有更好的配搭了。以建筑为专业，可以以文学为嗜好——这正是林徽音的选择；硬要反过来，又是否行得通呢？

第三，性格的配合。说到徐志摩性格方面特别吸引人的地方，几乎每个人都要说他热情、天真、没有机心等。从交朋友的角度来看，这些当然都可以说是长处，但如此性情的人在实际生活方面往往一塌糊涂，徐志摩是个好例子。这样的男人，如果碰上一窍不通、只懂玩乐的配偶，固然是个悲剧（徐志摩与陆小曼的婚姻正是例证），但如果配上精明能干、希望有所作为的女人，也还是一种悲剧。结婚前大家可能觉得人生寄意于美丽的文字就够了，那是因为各自回家就有家人照顾；结婚后男的在实际生活方面愈“无为”，就代表女的要负起愈重的包袱。“天真”的男人可以很可爱，但又是否会让人尊重呢？

从前评论读书人，讲究“道德、文章”；到了“主义”挂帅的年代，又出现了不管文章如何，必须“主题先行”的现象，反正结果不是因人而废文，就是因文而废人。相对之下，徐志摩是幸运的。他的才华有目共睹，他身边的友人因为爱才，往往为他品德上的毛病辩护，比如胡适谈论他，重复用上的字眼是“单纯”和“梦想”，也就是说他其实是个偏才。抱着欣赏的态度跟这样的人物做朋友，可以在他身上看到自己被生活磨掉的素质，因此特别珍惜他。但如果家里有个偏才青少年，做父母的不论心理负担还是实际负担都会加重，假如做妻子的有个偏才青少年似的丈夫，以“浪漫”为婚姻的基础，能否经得起日积月累的磨蚀呢？

一直鲜有人谈到的，倒是梁思成的吸引力。大家知道他因为交通意外断腿，对日后的生活和工作都造成困难，林徽音不在乎这一点，当然因为他有很多别的长处。在建筑学方面，他笔下的功底比林徽音强；以研究方法论，他比林徽音更有条理；对以建筑为抱负的林徽音，这些都是值得钦佩的地方。至于性格方面，梁从诫说父亲很有幽默感，我们从老照片中看到梁思成的笑容，也能有所感受。我们这个年代的西方女性谈择偶条件，常把幽默感列在首位；虽然林徽音未必如此，但如果幽默感是配合着坚毅的意志和巨大的包容力（见下文），对于有大志的新女性就很有吸引力了。更有意思的是，梁思成在照片中总给人一份从容的感觉，英语有个说法，是 comfortable in his own skin，中文大概可以说"自在"——那是充分自信而毫不自大的表现，是很罕见的素质。正因自信，所以他不怕让太太在很多场合当主角，这当然也是他吸引林徽音的原因。

倒不是说林徽音和梁思成的婚姻就没有为女方带来困扰。梁家亲戚众多，实在是林徽音日常生活的一份重担。传统所谓"男主外、女主内"的观念，并没有因为新文化运动而减色，所以林徽音一直有家务缠身、才华无从发挥的怨叹，觉得自己只是"为人妻、为人母"。她面对实务能力强，又“非常爱她，待她极好”的梁思成，还不免有这番感叹，一方面固然是因为那个时期的社会规范认为家务是女性的责任，另一方面也反映聪敏的女性观察身边事物，比旁人先知先觉，因此往往先于别人采取行动，时间久了，难免觉得很多事情都落在自己头上。即使是活在今天的女性，也同样面对这种由社会规范和个人性格编织成的陷阱。

除了理智的考虑之外，林徽音和徐志摩之间也有一道感性的藩篱。林徽音曾经说过，自幼目睹父母三角关系带来的痛苦，留下极大的阴影。有人认为林徽音因为生母被另一个女人夺去丈夫，所以她本人绝不会去抢夺别人的丈夫，这可能说得太过简单，但她有一重心理障碍却是事实。这当然让她倾向于理智地考虑婚姻问题，认清比较单纯的感情关系也是重要的幸福因素。

假如说林徽音在少女时代已认清了浪漫恋爱与婚姻幸福的分别，我们很难相信她在已为人母之后会推翻原来的决定。事实正相反，十年后的林徽音思想更成熟，对梁思成和徐志摩的为人也更了解，甚至坦然说到徐志摩性格里偶然流露一种俗气，她不欣赏。她真的会做出另一个决定吗？

不走的娜拉

也许有人把徐志摩和林徽音看成了“金童玉女”；那和事实距离太远了。即使我们撇开林徽音选择梁思成在先，徐志摩追求陆小曼在后，林、徐两人的感情世界其实都还有别的足印。

徐志摩的罗曼史，除了他本人大力宣扬的陆小曼以外，起码还有三段鲜为人道的故事。他和项美丽在 1927 年有过短暂的婚外情，当时他与陆小曼结婚不过一年左右；1929 年他又和史沫特莱展开婚外情，关系维持了几个月，两人还一同坐船回到徐志摩的乡下家中，把臂同游两星期之久。至于徐志摩的第三位情人，更是大家都熟悉的——赛珍珠，是个有夫之妇。她和丈夫从南京迁居上海后，夫妻关系并不愉快，婚姻状况类似徐志摩，据赛珍珠传记作者多年研究所得，她与徐志摩的婚外关系虽然断断续续，却维持了数年之久。

文化人的圈子跟别的小圈子一样，有约定俗成的运作方式，圈中人的动向——特别是罗曼史——是大家茶余饭后的谈资，却不会白纸黑字留下太多记录。史沫特莱不是中国文化圈中人，因此我们才有她亲笔写下的事实。至于徐志摩还有没有跟别的女性发生关系呢？我们只能说：没有证据可寻。

至于林徽音的感情世界，也不只是徘徊于梁思成与徐志摩之间；她与好友、同事兼邻居哲学家金岳霖日久生情，也曾让她彷徨无主。对我们有相当启发的倒是她在彷徨之际向谁人倾诉：据说梁思成一次在外地完成了田野考察，回到家中，林徽音哭着对丈夫说自己同时爱着两个人，不知怎么办。

如此贴心的话，只能告诉知己——林徽音的知己是梁思成。

梁思成听了她的话，想了一夜，对妻子说完全尊重她的选择。

他表现的胸怀气度，不但让金岳霖以君子风范回应，终其一生对林徽音只是坚持柏拉图式的爱，同时也让林徽音体会到梁思成的包容力，再次肯定了自己二十多岁时的选择。

这个林徽音的人生插曲让我们看到“新女性”和“婚姻自由”的另一面，用鲁迅的话说，就是：“娜拉要怎样才不走呢？”

鲁迅对此问提出了很好的答案：

> 娜拉要怎样才不走呢？或者说伊孛生［Ibsen］自己有解答，就是Die Frau vom Meer，《海的女人》，中国有人译作《海上夫人》的。这女人是已经结婚的了，然而先前有一个爱人在海的彼岸，一日突然寻来，叫她一同去。她便告知她的丈夫，要和那外来人会面。临末，她的丈夫说，“现在放你完全自由。（走与不走）你能够自己选择，并且还要自己负责任。”于是什么事全都改变，她就不走了。

这不就是梁思成和林徽音的情况吗？因为梁思成表现出他的爱建基于平等、尊重与包容，正视女方的选择权，也信赖女方的理性，做妻子的感到自己的婚姻是真正自由的，所以她就不用走了。

时代的烙印

不走，并不代表大家变成童话里的人物，“永远快乐地活下去”。从寻常过日子的角度来看，林徽音和梁思成的人生甚至可以说是先甜而后苦。影响他们一生的基本因素，是中国知识分子从20世纪30年代到20世纪60年代经历的苦难和巨变。

林徽音从入学开始到旅英和留美时期，相对于同代女性该算是“人上人”。她和梁思成1928年回国以后，首先到沈阳东北大学工作，他们的女儿也在沈阳出生。这段时间除了受肺病困扰以外，她的事业和家庭生活也都循着正常轨道运行。

1931年日本侵略东三省，她和梁思成不愿意留在侵略者统治的地方，于是回到北京，两人应邀加入中国营造学社工作。1931年到1937年该是他们事业上最好的时光，以心爱的北平为家，以中国营造学社为事业基地，跑遍大江南北，找寻有代表性的古建筑，收集大量历史资料，为深入研究中国建筑史与营造法式开路。同时，林徽音也能腾出空当从事文艺创作，除了新诗，还出版了小说和话剧，也为《大公报》丛刊编小说选，更主动结交素未谋面但感到欣赏的年轻作家像萧乾和李健吾等。这几年可以说是她文艺生活最旺盛的一段。虽然徐志摩的死对她打击相当大，但在友情方面她也有新的收获：林徽音和梁思成在这段时间认识了费正清（Fairbank）夫妇，林徽音和费慰梅不久就成为莫逆之交（费慰梅后来写了 *Lin & Liang*，记录她夫妻二人的生活，以及他们不辞艰苦为中华建筑史所作的贡献）；此外她和沈从文的交情也不浅。

1937 年抗日战争全面爆发，是林徽音和梁思成人生的分水岭。他们和别的知识分子一样，加入往大后方的大潮，辗转经长沙逃往昆明，细软不能多带，但要紧的研究材料却一直随身。途中林徽音患上严重的肺炎，对她后半生的健康影响极大。

他们到了昆明后，自己搭建土屋居住，不久梁思成就因过劳而患上脊椎软骨硬化症，卧床不起。到了 1940 年，昆明日夜受日军轰炸，为安全计，林徽音独力安排全家迁往南溪县偏僻的李庄，操劳过度，不久肺病复发。此时他们不但买不到医疗物品，连生活也成问题，除了朋友支持，还好傅斯年向当时国民党教育部请求拨款资助梁氏兄弟，才勉强过了难关。要是看林徽音与费慰梅在这段时间的通信，不能不佩服林、梁二人面对困难时表现的幽默感。

卧病期间，林徽音详读二十四史中有关建筑的记录，为梁思成策划已久的《中国建筑史》写作做准备。这本书终于在 1944 年动笔时，两人都身患重病，梁思成的脊椎不能支撑头颅，就在书桌上放个花瓶，把下巴搁在瓶口，坚持工作。如此坚毅的配偶，教人如何不敬佩？林徽音肯定没有错选了人。

1945 年日本投降，他们夫妇接到清华大学的聘书，准备回北京。但清华复校要几个月的安排，其间他们的生计成了问题，靠卖衣物来维持。回到北京以后，林徽音一直结核病缠身，不能全面恢复工作，但在建筑设计和文学两方面还是有些成绩。1947 年底，她进医院动切除病肾的大手术，没想过可以熬得过。手术前她写了几首诗，这是她一生最后的文艺作品。

大手术没有让她恢复健康，却也暂时保住了性命。她看到中华人民共和国成立，对解放军进驻北京之初锐意守护老建筑十分感动。可惜接下来的几年，梁思成和她用尽心力保护北京老城，倡建城墙公园，种种苦功终于白费；她希望改良传统工艺设计，花了不少心血，也没有被接受。

解放后她受聘为清华大学一级教授，也被邀参与不少国家级设计工作，但她身体愈来愈衰弱，终于在 1955 年 4 月 1 日病逝。治丧委员会由她的至交好友组成，墓碑的环饰本是她为人民英雄纪念碑设计的浮雕，碑上刻着“建筑师林徽音之墓”。

据林徽音的儿子梁从诫回忆，友人曾说林徽音早逝是一份幸运，要不然到了“文化大革命”，要她忍受梁思成所受的苦楚，情何以堪?

她的墓碑在“文化大革命”时被毁。

浪漫想象背后的事实

浪漫故事想象大家应该如何如何，但现实却是另一副模样：色调灰暗，界限模糊，当事人做的决定不管多恰当，也难免偶尔泛起淡淡的“假如……”，似乎要靠这短暂的怀疑让自己重新肯定原来的选择，向自己证明眼前的一切虽然并不完美，却是自己最珍爱的。这种微妙的情况，不管男女都有同感。新文化运动为女性带来了选择权，同时也把她们推进一个复杂的世界：有选择，就代表要放弃一些东西，甚至要伤害某些人。

人是不知足的，很少人在感情世界会认为自己绝对幸福；或多或少的不如意往往是制造浪漫幻想的契机。如果处理得恰当，这种契机可以调剂生活；但说到底，它只能是调剂，不能把它变成生活本身。

林徽音在家庭、事业、婚姻和恋爱各方面的表现，显示她理性和感性都极强，因此要比别人面对更多矛盾。她自己曾说过：

自身性格与性格矛盾；理智与情感两不兼容；理想与现实当面冲突，侧面或反面激成悲哀。(《纪念志摩去世四周年》)

虽然不能避免性格的内在斗争和环境的压迫，但她一生作出的重要抉择，却指向同一方向：在事业方面，她选择的是扎根于现实的建筑学，文学只是她的嗜好；在感情方面，她不止一次作出重大抉择，每一次都选了梁思成。她心中抗争情绪或浪漫诉求不管有多强烈，也不会成为无缰野马。就是这一点，大概可以说明为什么很多人视她为20世纪中国新女性的佼佼者。

在文学方面，林徽音不是个多产作家，却有极具特色的作品，小说《九十九度中》以漂亮的白话结合当时英国文学界还相当新颖的叙事角度，可以说是她的代表作。她写作新诗的时期从1931年到1947年，题材环绕她的生活和心路历程；她重视诗的内在规律和声音的美感，而意境则往往云淡风轻，似乎是感情经过理性的过滤，而又超越了理性的樊篱，进入近乎冥想的宁静。

作为建筑师和设计师，林徽音的作品不多，主要有东北大学校徽、北京大学地质馆和灰楼学生宿舍、云南大学女生宿舍、清华园胜因院教师宿舍等；她也曾参与中华人民共和国国徽和人民英雄纪念碑的设计。她在建筑方面最大的贡献在于史料讨论和考察报告，特长是在论述建筑时引入文学笔法，给人意想不到的惊喜。

想接触日常生活中见识广博、口才出众的林徽音，该看的可能不是她的文学作品，而是她在建筑学方面的文章。下面的引文来自她一封信，批评一本20世纪50年代出版的中国古建筑图录：

> 从花纹的比例上看，原来的纹样细密如锦，给人的感觉非常安静，不像这次所印的那样浑圆粗大，被金和白搅得热闹嘈杂，在效果上有异常不同的表现……总而言之，那张印样的确是“走了样”的“和尔椀花结带”，与太和门中梁上同一格式的彩画相比，变得五彩缤纷，宾主不分，八仙过海，各显其能；聒噪喧腾，一片热闹而不知所云。从艺术效果上说，确是个失败的例子。

引文最后八句以一连串的排比引出毫不留情的断案，让当年在梁家“太太的客厅”里高谈阔论的林徽音再次活现在大家面前。

***

林徽音的本名是徽音，但有一段时间曾用“林徽因”之名发表文学作品，原因是当时有个男作家名叫林微音，不时引起混淆，因此她干脆改用同音而不同型的名字“林徽因”。时至今日，坊间有关她的书籍还没有统一名字。

附录　徐志摩赠林徽音的诗

你去

你去，我也走，我们在此分手；

你上那一条大路，你放心走，

你看那街灯一直亮到天边，

你只消跟从这光明的直线！

你先走，我站在此地望着你：

放轻些脚步，别教灰土扬起，

我要认清你的远去的身影，

直到距离使我认你不分明。

再不然，我就叫响你的名字。

不断的提醒你，有我在这里，

为消解荒街与深晚的荒凉，

目送你归去……

　　　　　　不，我自有主张，

你不必为我忧虑；你走大路，

我进这条小巷。你看那株树，

高抵着天，我走到那边转弯，

再过去是一片荒野的凌乱；

有深潭，有浅洼，半亮着止水，

在夜芒中像是纷披的眼泪；

有乱石，有钩刺胫踝的蔓草，

在期待过路人疏神时绊倒！

但你不必焦心，我有的是胆，

凶险的途程不能使我心寒。

等你走远，我就大步的向前，

这荒野有的是夜露的清鲜；

也不愁愁云深裹，但求风动，

云海里便波涌星斗的流汞；

更何况永远照彻我的心底，

有那颗不夜的明珠，我爱——你！

增订版后记

传记传统与女性

在英国出版界，传记是一大柱石。那是因为英国人运气好，17 世纪出了个鲍斯威尔（Boswell），首创“形影不离”的贴身观察法，记录约翰逊博士（Dr. Johnson）一言一行，为英语传记创出了一条以可信和可靠作为骨干的道路。[1] 到了 20 世纪初又有里顿·斯特拉奇（Lytton Strachey）另辟蹊径[2]，背“长篇大论”之路而行，专攻传记主人公神绪所在，以素描手法闲闲几笔就描出了痛痒之处，笔下讽刺的不单是人物，而是整个时代。于是“名人传记”的焦点从“名”转

1 Boswell 的 *The Life of Johnson* 被公认为英语传记传统的第一个里程碑。

2 Lytton Strachey 的 *Eminent Victorians* 不但观点新鲜，形式独特，而且文笔极佳，出版后轰动一时。

到"人"，从描述事件和社会地位到探讨主人公的内心世界，传记不再只是读者向名人学习的数据库，同时也是一面镜子，让他们看到传记人物不那么漂亮的一面。此路一开，捧场式传记就站不住了，而传记的题材也豁然开朗。英语传记的主角不都是什么遐迩闻名的大人物，乡村牧师和家庭教师一样有人问津。虽然名人传记容易写，也最易推销，但那不再是唯一的考虑。

相对来说，中国传记传统虽然很长，《史记》以来就有列传，但说到内容和方向，似乎就一直没有走出那小框框。鲁迅的《阿Q正传》虽然不是传记，但他开宗明义所说的话，实在可以作为中国传记传统的按语：

> 从来不朽之笔，须传不朽之人，于是人以文传，文以人传——究竟谁靠谁传，渐渐的不甚了然起来。

表面上看，《阿Q正传》只是小说，鲁迅的开场白一扯就扯向传记传统，除了是小说家以实弄虚的手法外，也不能不让人怀疑有指桑骂槐的味道。不过这也正是鲁迅先生的特长：

一针刺出血来，不管是槐是桑，反正教人眼前一亮。

中国传记传统的一大宗是墓志铭。有财有势的人，即使自己没有文名，也可以用财或势（再加上点人情）请个当代著名文人来执笔，为去世的先人记下一生事迹，男的丰功伟绩，女的贤良淑德，反正必定坚守只说好话、不说坏话的信条。要改变这个传统，先决条件除了要有愿意独立思考的作者之外，更重要的是社会上要有可以和权、势、财抗衡的力量—— 一是有明辨力的出版社和读者，二是有发表异于主流意见的空间。

假如传记以美化形象为首要任务，自然很难抱着事事求真的精神，除了像美国前总统克林顿那样“节省真相”之外，传记作者还有几种招数，让他们既可充分发挥想象力，又可发挥主人公的魅力。这些招数分别是：一、穿越时空，亦即把事情发生的地点和先后次序调整调度，以配合作者要营造的形象和气氛。二、移形换影，亦即把发生在某甲身上的事转移到某乙身上去。三、投影和折射，指作者笔下反映的并非传记主人公的时代背景，而是把作者当代——甚至是本人——的经历和关注投影到作品中，作为事实那样描写。

中国传记传统既然以权力和文化中心为主线，亦即是以男性为主线，除了屈指可数的几位有财或有势的女性——像秦代的怀清、汉代的吕后、唐代的武则天、清代的慈禧，能留下雪泥鸿爪的，也总是“贤妻良母”，也就是某人的女儿、某人的妻子、某人的母亲；再不然，就是因男女关系而为人所知的“名女人”。这个传统发展到今日依然大盛（司马迁把吕后与帝王并列于本纪，是极罕有的实事求是作风）。女子在男主人公身边起的是陪衬作用，因此她们的故事更要配合作者美化主线的目标，也就免不了经过上面所说的改造手法。

一般读者对传记不会抱什么疑心，总认为它是历史的伙伴，作者以史家的态度追寻材料，再把材料与大时代背景交织起来，呈现传记主人公的一生。谁知不少传记暗地里和小说私相授受，作者既可以天马行空，无中生有，亦可以纵情想象，把笔下人物当作自我感情寄托的工具。

这样的传记并不限于某国某地，英语传记也有天马行空的例子。胡适就曾经气不过来，在美国报上发表书评，指责罗伯特·佩恩（Robert Payne）的《毛泽东传》“无稽”“荒唐”“胡扯”，是“捏造历史”。

也许我们会问：作者假如爱编故事，为什么不干脆去写小说，而要写传记呢？这个问题看似难解，其实鲁迅早已一语道破——“人以文传，文以人传”嘛！既然要书写的主人公已经是名人，而作者的文字还未能算是名文，究竟“谁靠谁传”，虽然鲁迅说“不甚了然”，实在他是太客气了。

小说家笔下虚构的人物如果写得精神焕发，举手、投足、瞪眼之间让你像照镜子般觉得可惊、可怕或可爱，这个人物就从虚入实，成为文化传统不可磨灭的一部分，最好的例子莫如鲁迅的阿Q。反过来说，传记作者虽然拿出真名实姓的人物，但如果笔下除了幻想就是假想，那么作品必然有虚无实，他也不过是戴着面具的小说家而已。

我写这本书的目的，是探讨能否以公允的态度重估五四时代的女性，能否从她们的角度平实地看她们面对的世界。书中主角都和五四时期的文化名人有婚姻或恋爱关系，那么我自己是否也在玩“文以人传”的游戏呢？希望不是。选择这些主角，原因是她们的生平有可信的材料作为依据，不少还是第一手资料。但这些资料的存在，多半也因为她们那些名人丈夫或恋人——这是不容忽视的。

成书历程

2001年6月底，我和丈夫遍访他的母校剑桥和附近方圆十里的村镇，途经沙士顿。这里仍然是剑桥边上一个住宅区，旧房子都已拆掉，小镇的规模也扩大了，但性格并未改变，新房子不论是独立或半独立的设计，看来都非常实用，又非常乏味。

我当时想：20世纪初一个年轻中国女子的挣扎，就埋藏在这个不起眼的地方。

事后我又想：其实中国女子的故事又岂仅埋藏在一两个地方呢？

这个念头终于演化成一本书。

这本书从搜集资料起，到写成片段的文章参与国际学术会议以及发表，再到比较有条理地重写，前后历时二十年。其间曾得到基金会的研究经费资助，也幸获不少学者从旁协助。众多为我引路的人中，不能不提的是北京鲁迅博物馆前馆长王得后先生和北京鲁博20世纪90年代后期的工作人员；还有我的丈夫卜立德。假如没有他们，我不会找到足够的材料完成任务。

这本书的第一稿曾在香港由天地图书公司出版。版权归还作者后，我开始做增订，除了添加江冬秀一章外，其他篇章也收进了新材料，因此比原来的繁体字版更完备。在这里要感谢天地图书前总编颜纯钩先生和上海浦睿文化的朱可欣小姐先后为这本书的出版铺路。

我接触到的材料以下面几种最让人感动，希望能与读者分享：

许广平：《遭难前后》，《许广平文集》第一卷。

梁从诫：《倏忽人间四月天——回忆我的母亲林徽因》，《林徽因文集》。

Natasha Chang，*Bound Feet and Western Dress*（中译：《小脚与西服》）。

我的母亲生于抗日战争期间，卒于 2020 年，一生体现了新女性如何发挥旧传统的优点。谨以此书献给先母黄银燕女士。

孔慧怡

2022 年 12 月于英国梳士巴利

部分参考书目

1. 北京鲁迅博物馆编:《鲁迅研究资料》(16),天津:天津人民出版社,1987年。
2. 北京鲁迅博物馆资料室藏鲁迅家人照片集。
3. 北京鲁迅博物馆资料室藏朱安、许广平通信集原信。
4. 陈东原:《中国妇女生活史》,上海:上海书店,1927年。
5. 陈漱渝:《许广平的一生》,天津:天津人民出版社,1981年。
6. 陈锺英、陈宇编:《林徽因》(中国现代作家选集),香港:三联书店,1990年。
7. 楚汛(易竹贤):《胡适、江冬秀》,北京:中国青年出版社,1995年。
8. 段国超:《鲁迅家世》,北京:教育科学出版社,1998年。
9. 郭箴一:《中国妇女问题》,上海:商务印书馆,1937年。
10. 海婴编:《许广平文集》三卷,南京:江苏文艺出版社,1998年。
11. 胡适:《胡适的日记》,台北:远流出版事业公司,1990年。
12. 李美皆:《朱安嫁鲁迅:幸耶不幸?》,《文学自由谈》2000年第5期,第75—83页。
13. 李允经:《鲁迅的婚姻与家庭》,北京:北京十月文艺出版社,1990年。
14. 梁从诫编选:《林徽音文集》,台北:天下远见出版股份有限公司,2000年。
15. 梁锡华:《徐志摩新传》,台北:联经出版事业公司,1979年。
16. 梁锡华编:《续爱眉小札——徐志摩致陆小曼私函》,台北:远景出版事业公司，1983年。
17. 梁锡华编译：《徐志摩英文书信集》，台北：联经出版事业公司，1979年。
18. 刘丽华、郑智：《寻找伟人的足迹：鲁迅在北京》，北京：北京工业大学出版社，1996年。
19. 刘心皇：《徐志摩情爱卷》，台中：晨星出版社，1986年。
20. 刘心皇：《徐志摩与陆小曼》，台北：畅流半月刊，1965年。
21. 鲁迅、许广平：《鲁迅：鲁迅景宋通信集》，长沙：湖南人民出版社，1984年。
22. 鲁迅博物馆、鲁迅研究室、《鲁迅研究月刊》选编：《鲁迅回忆录——散篇》，北京：北京出版社，1999年。
23. 鲁迅博物馆、鲁迅研究室、《鲁迅研究月刊》选编：《鲁迅回忆录——专著》，北京：北京出版社，1999年。
24. 陆小曼：《关于王赓》，《文史资料选辑》，北京：文史资料出版社，1962年。
25. 马庚存：《中国近代妇女史》，青岛：青岛出版社，1995年。
26. 马蹄疾：《鲁迅新传》，台北：新潮社，1996年。
27. 潘光旦：《中国之家庭问题》，上海：商务印书馆，1926年。
28. 裘士雄、黄中海、张观达：《鲁迅笔下的绍兴风情》，杭州：浙江教育出版社，1985年。
29. 上海鲁迅纪念馆编：《许广平纪念集》，上海：百家出版社，2000年。
30. 宋益乔：《徐志摩》，北京：中国华侨出版社，1998年。
31. 孙琴安：《徐志摩传》，西安：陕西人民教育出版社，1995年。
32. 肖伊绯：《再谈陆小曼的前夫王赓》，《书屋》2019年第9期，第42—45页。
33. 徐志摩、陆小曼：《爱眉小札及其续编：徐志摩致陆小曼情书》，杭州：

浙江文艺出版社，1989年。

34. 徐志摩：《徐志摩全集》，台北：文化图书公司，1971年。
35. 许寿裳：《亡友鲁迅印象记》，香港：上海书局，1957年。
36. 易竹贤：《胡适传》，武汉：湖北人民出版社，1994年。
37. 赵遐秋：《徐志摩传》，北京：中国人民大学出版社，1989年。
38. 曾庆瑞：《徐志摩、陆小曼》，北京：中国青年出版社，1995年。
39. 曾智中：《三人行：鲁迅与许广平、朱安》，北京：中国青年出版社，1990年。
40. 中村龙夫：《封建婚姻的牺牲者——朱安》，《绍兴鲁迅研究专刊》第11期，绍兴：绍兴鲁迅研究会，1990年；第12期，绍兴：绍兴鲁迅研究会，1991年。
41. 周叙琪：《1910—1920年代都会新妇女生活风貌——以〈妇女杂志〉为分析史料》，台北：台湾大学，1996年。
42. 周质平：《胡适与韦莲司：深情五十年》，北京：北京大学出版社，1998年。
43. 朱傅誉编：《徐志摩传记资料》，台北：天一出版社，1979年。
44. 朱忞等编著：《鲁迅在绍兴》，杭州：浙江人民出版社，1981年。

1. Chang, Natasha Pang-Mei. *Bound Feet and Western Dress,* New York: Bantam Books, 1997.
2. *Chinese Women through Chinese Eyes,* ed. Li Yu-ning, Armonk, N.Y.: M.E. Sharpe, 1992.
3. Chou Tse-tsung. *The May Fourth Movement: Intellectual Revolution in Modern China,* Cambridge, MA: Harvard University Press, 1960.
4. Conn, Peter. *Pearl Buck, A Cultural Biography,* Cambridge: Cambridge University Press, 1996.

5. Croll, Elisabeth J. *Changing Identities of Chinese Women: Rhetoric, Experience and Self-perception in Twentieth-century China,* Hong Kong: Hong Kong University Press; London: Atlantic Highlands, N.J.: Zed Books, 1995.
6. Deibert, William Edward Ellis. *Women in Twentieth-century China: A Problem in Identifying and Measuring Changes in Social Norms,* Ann Arbor, Mich.: University Microfilms International, 1988.
7. Gilmartin, Christina K. [et al.] ed., *Engendering China: Women, Culture, and the State,* Cambridge, Mass.: Harvard University Press, 1994.
8. Lawrence, Patricia. *Lily Briscoe's Chinese Eyes: Bloomsbury, Modernism and China,* University of South California Press, 2003.
9. Lee, Leo. *The Romantic Generation of Modern Chinese Writers,* Cambridge, Mass.: Harvard University Press, 1973.
10. Lin Yu-sheng. *The Crisis of Chinese Consciousness: Radical Antitraditionalism in the May Fourth Era,* Madison: University of Wisconsin Press, 1979.
11. MacKinnon, Janice R. and Stephen R., *Agnes Smedley—The Life and Times of an American Radical,* Berkeley, L.A.: University of California Press, 1988.
12. Ono Kazuko. *Chinese Women in a Century of Revolution, 1850—1950,* ed. Joshua A. Fogel; trans. Kathryn Bernhardt et al., Stanford, Calif.: Stanford University Press, 1989.
13. Pollard, David. *The True Story of Lu Xun,* Hong Kong: Chinese University Press, 2002.
14. Schwarcz, Vera, *The Chinese Enlightenment: Intellectuals and the Legacy of the May Fourth Movement of 1919,* Berkeley: University of California Press, 1986.
15. Stacey, Judith. *Patriarchy and Socialist Revolution in China,* Berkeley: University of California Press, 1983.
16. Wang Zeng. *Women in the Chinese Enlightenment,* California: University of

California Press, 1999.

17. Witke, Roxane. *Transformation of Attitudes towards Women during the May Fourth Era of Modern China* (Ph.D. 1970, UC Berkeley).

18. Wolf, Margery. *Revolution Postponed: Women in Contemporary China,* London: Methuen, 1987.

附录：大事年表

年份	历史、文化事件	人物生平
1875	光绪帝即位，慈禧垂帘听政。	
1878		朱安出生于浙江绍兴。
1881		周树人（鲁迅）出生于浙江绍兴。 朱安大约在此年开始缠足。
1884	传教士在上海成立同文书会，即后来的广学会，发行《万国公报》，对维新派影响深远。	
1886	天津《时报》创刊，传教士李提摩太主笔。	
1890		江冬秀出生于安徽旌德。
1891		胡适出生于安徽绩溪。
1893	中外商人合办的《新闻报》在上海创刊。	
1894	中日甲午战争爆发。 兴中会在檀香山成立，翌年设总部于香港。	
1895	北洋水师覆没，中日签订《马关条约》。 康有为、梁启超等一千三百多名举人公车上书，请拒和、变法。 中西学堂在天津成立。	胡适之父胡传原掌清政府治下台湾东部军政，中国战败，台湾割让与日本，胡传扶病离台，死于厦门；当时胡适不满四岁。
1896	《时务报》在上海创刊，梁启超主笔。	

（续表）

年份	历史、文化事件	人物生平
1897	商务印书馆在上海成立。 《国闻报》在天津创刊，严复主编。	徐志摩出生于浙江硖石。
1898	百日维新，戊戌政变。 梁启超在日本创办《清议报》。	周树人进入江南水师学堂。 许广平出生于广东广州，不久订下娃娃亲。
1899		朱安与周树人定亲。
1900	义和团乱，清政府对外宣战，八国联军攻入北京。	张幼仪出生于浙江嘉义。
1901	清政府下诏推行新政，包括政治与科举改革。 《教育世界》创刊于上海，罗振玉、王国维主编。	
1902	清政府呼吁反缠足；颁行学堂章程。 《新闻丛报》在日本创刊，梁启超主编。 《女学报》在上海发行，陈撷芬主编。	曹珮声出生于安徽绩溪，旋即送往农妇家寄养。 周树人赴日本求学。
1903	《中国白话报》在上海创刊。	陆小曼出生于上海。 张幼仪因缠足哭闹数日，得兄长之助，幸免。
1904	华兴会、光复会相继成立。	林徽音出生于杭州。 江冬秀与胡适定亲。
1905	中国同盟会在东京成立。	
1906	清政府废科举，在全国推动启蒙小学堂。	朱安与周树人成婚。 胡适进入新成立的上海中国公学。
1907	绍兴大通学堂革命党被捕，秋瑾殉难。	许广平被逼缠足，经父亲反对（理由是她许配了乡下人），得免。同年，进家塾读书。 曹珮声被接回家中，不久开始缠足。

（续表）

年份	历史、文化事件	人物生平
1908	光绪、慈禧死，溥仪即位。	
1909	游美肄业馆建于清华园，即清华学校。 第一批留美学生出发。	周树人回国，在杭州教书。
1910		胡适考取第二批庚子赔款留美。 徐志摩进入杭州中学堂。
1911	辛亥革命。	胡适与江冬秀开始通信。
1912	中华民国成立，袁世凯任大总统。	周树人进入国民政府教育部任职。 张幼仪入读江苏省立第二女子师范学校。
1913	二次革命失败，孙中山、黄兴逃亡日本。	江冬秀约在此年停止缠足。
1914	第一次世界大战爆发。	
1915	日本提出二十一条。 袁世凯称帝。 《青年杂志》在上海创刊，次年改名“新青年”。	张幼仪被逼辍学，与徐志摩结婚。 曹珮声从兄长到武昌。
1916	袁世凯帝制失败，同年6月死；中国进入军阀割据时期。	林徽音随全家迁居北京，进入教会学校。
1917	张勋复辟；护法军政府在广州成立。 陈独秀、胡适倡议白话文运动。	胡适回国；江冬秀与胡适结婚，曹珮声为女傧相之一。 徐志摩转入北京大学。
1918	第一次世界大战结束。 周树人在《新青年》发表《狂人日记》，“鲁迅”一名不胫而走。	许广平入读天津直隶省立第一女子师范。 张幼仪诞下长子徐积锴。 徐志摩到美国留学。 林徽音结识梁思成。 江冬秀到北京与丈夫会合。 曹珮声与胡冠英结婚。

（续表）

年份	历史、文化事件	人物生平
1919	巴黎和约震怒中国民众，掀起“五四运动”。	朱安随周家全家迁居北京。 江冬秀诞下长子祖望。
1920		林徽音随父亲欧游，同年在英国入学，居英期间定下念建筑的理想。 徐志摩离英赴美，就读于伦敦政治经济学院，后转往剑桥大学旁听；在伦敦期间爱上林徽音。 张幼仪被公婆送往英国。 曹珮声进入杭州女子师范学院预备班。 江冬秀诞下女儿素斐。
1921	中国共产党成立。	张幼仪被弃于英国沙士顿，后只身到欧洲投靠哥哥。 陆小曼与王赓结婚。 江冬秀诞下幼子思杜。
1922	徐志摩以高姿态在《浙江潮》发表离婚书。	张幼仪在柏林诞下次子 Peter（徐德生）；徐志摩再次要求离婚，张幼仪同意，随后进入德国幼儿师范学校，保姆 Dora Berger 与她同住，照顾 Peter。 林徽音随父回国，与梁思成相交日深。 许广平在直隶第一女子师范毕业。 曹珮声与胡冠英离婚（另一说为 1923 年）。
1923		许广平考进国立北京女子高等师范学校。 曹珮声与胡适恋爱；江冬秀拒绝离婚。

（续表）

年份	历史、文化事件	人物生平
1924		林徽音与梁思成赴美留学。
1925	孙中山逝世。 五卅惨案；号召全国游行，罢工罢市。	徐志摩与陆小曼相恋。 张幼仪次子在德国夭折。 许广平参与学运，与校长对抗；因学运与鲁迅交往，关系日深。 陆小曼与王赓离婚。 曹珮声在杭州毕业，进入国立东南大学农科。 江冬秀、胡适丧女。
1926	国民革命军北伐。	许广平在女师大毕业，与鲁迅离开北京；许广平在广东省立第一女子师范任教。 张幼仪回国，在东吴大学教德文；同意徐志摩与陆小曼结婚。 胡适与曹珮声结束无望的恋情。
1927	国民政府定都南京。	林徽音与梁思成在宾州大学毕业。 许广平转往中山大学，任鲁迅助理；是年秋，与鲁迅迁往上海，开始同居。 陆小曼与翁瑞午开展关系。
1928	蒋介石就任南京国民政府主席。 共产党在毛泽东领导下开始游击战。 《新月》创刊，徐志摩主编。	张幼仪出掌上海女子银行。 林徽音与梁思成在加拿大结婚；同年回国，梁思成创办东北大学建筑系。
1929	梁启超因肾病逝世。	林徽音诞下女儿梁再冰。 许广平诞下儿子周海婴。
1930		林徽音肺病复发，回北京香山养病。 徐志摩任教北京大学。

（续表）

年份	历史、文化事件	人物生平
1931	日本侵占东三省。	林徽音与梁思成迁回北京，开始到各省考察古建筑。 徐志摩空难丧生；徐志摩之父每月支付陆小曼的生活费。
1932		徐志摩遗体运回家乡下葬。 林徽音诞下儿子梁从诫。
1934		曹珮声到美国念农科硕士。
1936		鲁迅在上海因肺病逝世；许广平负起支持鲁迅母亲与朱安生活的责任。
1937	卢沟桥事变。抗日战争全面爆发，国共合作。	曹珮声回国，于安徽大学任教；战争全面爆发后，逃难往大后方，在四川任教。 林徽音与梁思成离开北京，逃难往大后方昆明。
1938	胡适任驻美大使。	江冬秀与幼子居上海。
1939		曹珮声感情再受打击，出家为尼，经兄长劝告后还俗。
1941	珍珠岛事变；日本入侵上海租界。	许广平在上海租界被日军逮捕，严刑逼供，监禁七十六天。 陆小曼在上海开小型画展。
1944		徐志摩之父去世，张幼仪为徐家每月支付陆小曼的生活费。
1945	日本投降；国共内战开始。	林徽音与梁思成回北京，筹备清华大学建筑系。
1946		许广平与朱安在北京鲁迅旧居同住一个月。
1947		朱安在北京病逝。 林徽音因结核病动大手术，切除病肾，住院期间请求面见张幼仪。

（续表）

年份	历史、文化事件	人物生平
1948	金圆券大贬值。	中共安排许广平离开上海，走陆路经香港到解放区。 曹珮声与胡适最后一次会面。
1949	国民党败走台湾，中华人民共和国成立。	翁瑞午约见张幼仪，表示经济环境好转，可以独力负担陆小曼的生活。 胡适赴美；胡思杜坚持留在大陆。 江冬秀暂居台北，后往曼谷与长子、媳团聚。 张幼仪移居香港。
1950	抗美援朝战争开始。	江冬秀到纽约与胡适会合；幼子思杜公告与父亲脱离关系。
1952		曹珮声被调离上海复旦大学，分派往沈阳农学院。
1953		张幼仪在香港与苏纪之医生结婚。
1954	冯雪峰受到批判。	
1955	胡风事件发生。	林徽音因肺病在北京逝世。
1957	“反右运动。”	胡思杜被划成右派，自杀而死。
1958	三年困难时期。	曹珮声逼于时势，提早退休。 胡适到台湾出掌“中研院”。
1959		许广平完成《鲁迅回忆录》。
1960	中苏决裂。	
1961		翁瑞午在上海病逝。

（续表）

年份	历史、文化事件	人物生平
1962	中印边境自卫反击战。	胡适在台湾心脏病发逝世。 江冬秀此时才知道幼子的死讯。
1965		陆小曼在上海病逝。
1966	“文化大革命”开始。	“文化大革命”期间，林徽音的墓碑被红卫兵砸毁；梁思成戴上了“学术反动权威”的帽子；胡适祖坟被毁。
1967		张幼仪与丈夫重游剑桥和柏林。
1968		许广平因鲁迅手稿被夺，不久心脏病发逝世。
1969		曹珮声回到家乡居住。
1971	中华人民共和国恢复在联合国的合法席位。	
1972		张幼仪丧夫。 梁思成在北京病逝。
1973		曹珮声逝世。
1974		张幼仪移居美国纽约，与家人团聚。
1975		江冬秀在台湾病逝。
1976	“文化大革命”结束。	
1984		张幼仪开始对侄孙女张邦梅追述往事。
1989		张幼仪在纽约病逝。

图书在版编目（CIP）数据

五四婚姻 / 孔慧怡著. —长沙：岳麓书社，2023.8
ISBN 978-7-5538-1899-3

Ⅰ. ①五… Ⅱ. ①孔… Ⅲ. ①女性-名人-生平事迹-中国-民国 Ⅳ. ①K828.5

中国国家版本馆CIP数据核字（2023）第130706号

WUSI HUNYIN
五四婚姻

作　　者　孔慧怡
出 品 方　中南出版传媒集团股份有限公司
　　　　　上海浦睿文化传播有限公司
　　　　　上海市万航渡路888号15楼A座（200042）
责任编辑　刘丽梅
封面设计　任凌云

岳麓书社出版发行
地　　址　湖南省长沙市爱民路47号
直销电话　0731-88804152　0731-88885616
邮　　编　410006

2023年12月第1版第2次印刷
开　　本　880 mm×1230 mm　1/32
印　　张　8
字　　数　126千字
书　　号　978-7-5538-1899-3
定　　价　56.00元
承　　印　河北鹏润印刷有限公司

出 品 人：陈 垦
监 制：余 西 于 欣
出版统筹：胡 萍
策划编辑：朱可欣
封面设计：任凌云
版式设计：凌 瑛

欢迎出版合作，请邮件联系：insight@prshanghai.com
新浪微博@浦睿文化